13. Wissenschaftliche Plenarsitzung

**Raumplanung in Verdichtungsräumen –
Wunsch und Wirklichkeit**

VERÖFFENTLICHUNGEN
DER AKADEMIE FÜR RAUMFORSCHUNG UND LANDESPLANUNG

Forschungs- und Sitzungsberichte
Band 96
13. Wissenschaftliche Plenarsitzung

Raumplanung in Verdichtungsräumen – Wunsch und Wirklichkeit

Referate und Diskussionsbericht
anläßlich der Wissenschaftlichen Plenarsitzung 1974
in Wiesbaden

HERMANN SCHROEDEL VERLAG KG · HANNOVER · 1974

Zu den Autoren dieses Bandes

Werner Ernst, 64, Professor, Dr. jur., Staatssekretär a. D., Ordentliches Mitglied und Präsident der Akademie für Raumforschung und Landesplanung, Mitglied der Deutschen Akademie für Städtebau und Landesplanung.

Hartmut Wierscher, 50, Dr. jur., Regierungspräsident in Darmstadt.

Jörg Jordan, 35, Stadtrat in Wiesbaden.

Hans Reschke, 70, Dr. jur., Dr. med. h. c., Dr. rer. pol. h. c., Oberbürgermeister i. R.

Kurt Becker-Marx, 53, Dr. jur., Verbandsdirektor des Raumordnungsverbandes Rhein-Neckar, Korrespondierendes Mitglied der Akademie für Raumforschung und Landesplanung.

Hans-Gerhart Niemeier, 66, Dr. jur., Ministerialdirigent a. D., Ordentliches Mitglied der Akademie für Raumforschung und Landesplanung.

Hubert Abreß, 51, Dr. jur., Staatssekretär beim Bundesminister für Raumordnung, Bauwesen und Städtebau.

Peter Wood, B. Sc., M.R.T.P.I., Director of the Merseyside Structure Plan, Liverpool.

Göran Sidenbladh, Dozent am Nordischen Institut für Stadt- und Landesplanung, Stockholm.

Rudolf Hillebrecht, 64, Professor Dr.-Ing. E. h., Dipl.-Ing., Stadtbaurat der Landeshauptstadt Hannover, Ordentliches Mitglied der Akademie für Raumforschung und Landesplanung, Präsident der Deutschen Akademie für Städtebau und Landesplanung.

Carl-Heinz David, 36, Dr. jur., Zentralinstitut für Raumplanung an der Universität Münster, Korrespondierendes Mitglied der Akademie für Raumforschung und Landesplanung.

Mit Wirkung vom 1. 6. 1974 hat die Hermann Schroedel KG Hannover den Verlag der Veröffentlichungen der Akademie für Raumforschung und Landesplanung übernommen.

Best.-Nr. 91504
ISBN 3-507-91504-9

Alle Rechte vorbehalten · Hermann Schroedel Verlag KG Hannover · 1974
Gesamtherstellung: Th. Schäfer Druckerei GmbH, 3 Hannover
Auslieferung durch den Verlag

INHALTSVERZEICHNIS

                                                                                                    Seite

Zum Geleit 1

Werner Ernst:
Eröffnung und Begrüßung 2

H. Wierscher:
Begrüßung namens des Landes Hessen 5

Jörg Jordan:
Begrüßung namens der gastgebenden Stadt 7

Hans Reschke, Referat:
Zum Tagungsthema aus der Sicht der Kernstadt 9

Kurt Becker-Marx, Referat:
Zum Tagungsthema aus der Sicht der Region 17

Hans-Gerhart Niemeier, Referat:
Zum Tagungsthema aus der Sicht des Landes 25

Hubert Abreß, Referat:
(verlesen durch Ministerialdirektor Joachimi)
Zum Tagungsthema aus der Sicht des Bundes 33

Peter Wood, Referat:
Erfahrungen aus England 41

Göran Sidenbladh, Referat:
Erfahrungen aus Schweden 45

Diskussionsbericht 51

Rudolf Hillebrecht:
Schlußwort 55

*

Anhang (Tischvorlagen)

Hans-Gerhart Niemeier:
Raumplanung in Verdichtungsräumen aus der Sicht des Landes 58

Peter Wood:
Reorganization of Local Government in Great Britain 62

Carl-Heinz David:
Planungs- und Verwaltungsprobleme der großen Conurbationen in England 68

Zum Geleit

Die Akademie für Raumforschung und Landesplanung und die Deutsche Akademie für Städtebau und Landesplanung veranstalteten am 20. Juni 1974 in Wiesbaden eine gemeinsame Wissenschaftliche Plenarsitzung mit dem Thema

„Raumplanung in Verdichtungsräumen — Wunsch und Wirklichkeit"

Die Verdichtungsräume stellen zunehmend ein besonderes Problem für Zielsetzung und Methodik von Raumordnung und Stadtentwicklung dar, dem die bisherigen Organisationsformen nicht mehr gerecht werden. Wohl waren einige Reformen der jüngsten Vergangenheit als Antworten auf dieses Problem gedacht, doch blieb die Frage offen, ob vorhandene Institutionen und Instrumente ausreichen, die räumliche Entwicklung in den Verdichtungsräumen wirksam zu steuern. Diese Frage auch unter Auswertung ausländischer Erfahrungen zu erörtern und der Klärung näherzubringen, war das Ziel dieser Veranstaltung. Mit der Veröffentlichung der Referate und Diskussionsanmerkungen hoffen beide Akademien auf eine Fortsetzung und Vertiefung des Gesprächs.

Der Dank beider Akademien sei an dieser Stelle den Herren Staatssekretär Dr. H. ABRESS, Oberbürgermeister a. D. Dr. H. RESCHKE, Ministerialdirigent Dr. H.-G. NIEMEIER, Verbandsdirektor Dr. K. BECKER-MARX, Verbandsdirektor P. WOOD und Dozent G. SIDENBLADH für die grundlegenden Referate und die fruchtbare Teilnahme an der Diskussion ausgesprochen, für deren sachkundige Leitung der Dank Herrn Prof. Dipl.-Ing. H. WEYL gilt.

Beide Akademien sagen weiter ihren Dank dem Land Hessen und der Stadt Wiesbaden für die Hilfe bei der Vorbereitung und Durchführung der Tagung sowie für den den Teilnehmern der Tagung gewährten freundlichen Empfang am Vorabend.

Eröffnung und Begrüßung
durch den Präsidenten der Akademie für Raumforschung und Landesplanung, Staatssekretär a. D. Professor Dr. Werner Ernst, Münster

Meine Damen und Herren, ich eröffne die diesjährige gemeinsame Wissenschaftliche Plenarsitzung der Akademie für Raumforschung und Landesplanung und der Deutschen Akademie für Städtebau und Landesplanung. Ich freue mich, daß unserer Einladung zu diesem Gespräch so viele Teilnehmer gefolgt sind, und ich bedanke mich dafür.

Mein besonderer Gruß gilt Herrn Regierungspräsidenten WIERSCHER, der freundlicherweise als Vertreter des gastgebenden Landes hier heute bei uns ist, und Herrn Stadtrat JORDAN als Vertreter der gastgebenden Stadt. Mein besonderer Gruß gilt ferner den Vertretern des Bundestages und des zuständigen Bundestagsausschusses. Herr Abgeordneter SCHNEIDER hat in einem persönlichen Schreiben bedauert, nicht hier sein zu können, aber die besten Wünsche für den Verlauf dieses Kongresses uns übermittelt. Ich schließe in diesen Gruß ein die Vertreter der Ministerien des Bundes und der Länder. Herr Kollege ABRESS hat mir gestern persönlich mitgeteilt, daß er es bedaure, heute nicht selbst hier sein zu können, es hätte sich eine Terminüberschneidung im letzten Augenblick ergeben, die er nicht beheben könne. Er bedauert es gerade deswegen, weil er die Gelegenheit gerne wahrgenommen hätte, den Standpunkt des Bundes zu diesem wichtigen Problem des Verdichtungsraumes hier persönlich vorzutragen und persönlich an der Diskussion teilzunehmen. Herr Ministerialdirektor JOACHIMI wird so freundlich sein, die Rede des Herrn Kollegen ABRESS zu verlesen. Wir haben uns so geeinigt, daß wir dann, nachdem die protokollarischen Gründe, die uns veranlaßt hatten, Herrn ABRESS als ersten Redner auf die Tagesordnung zu setzen, weggefallen sind, das Gegenstromprinzip sachgerecht handhaben, d. h. mit der Stadt als dem Kern des Verdichtungsraumes anfangen, dann den Regionalverband bitten, hier seine Gesichtspunkte vorzutragen, dann das Land und dann den Bund. Ich hoffe, daß Sie damit einverstanden sind; die Redner haben freundlicherweise zugestimmt.

Ich begrüße auch die zahlreichen Vertreter der Kommunalverbände und der Planungsverbände.

Meine Damen und Herren, die beiden Akademien, die heute gemeinsam diese Wissenschaftliche Plenarsitzung veranstalten, sind der Mehrzahl von Ihnen ja bekannt, allemal, soweit Sie ihnen als Mitglieder angehören. Aus der Arbeit beider Akademien hat sich seit langem die Notwendigkeit ergeben, gemeinsame Veranstaltungen zu machen, weil die Probleme nicht isoliert gesehen werden können und auch nicht gesehen werden sollten. Diese gemeinsamen Tagungen haben sich bewährt. Wir haben ja 1968 in Wolfsburg eine solche Tagung über die Auswirkungen des technischen Fortschrittes auf Raumordnung und Stadtplanung gehabt, 1971 eine in Stuttgart über Aufgaben und Möglichkeiten der Raumplanung in unserer Zeit, und das Thema der heutigen Wissenschaftlichen Plenarsitzung schließt sich — wie wir hoffen — folgerichtig an.

Zu dem Thema Raumplanung in Verdichtungsräumen haben wir in der Einladung einige knappe — ich hoffe —, in der Sache einigermaßen zutreffende Bemerkungen gemacht, um Sie in das Problem einzuführen. Ich möchte zu dem Thema noch einige ganz wenige Worte sagen, um das Thema etwas weiter zu profilieren, ohne der Versuchung zu erliegen, die Rosinen vorher aus dem Kuchen zu picken, was ich deswegen auch nicht kann, weil ich gar nicht weiß, wie der Kuchen aussehen wird, das wird ja die Diskussion erst ergeben. Wir erleben ja eine tiefgreifende und rasante Wandlung unserer ganzen Gesellschaft und damit auch natürlich unserer Siedlungsstruktur, und ich meine: Wir alle sind in der Gefahr, in der Hektik unseres täglichen Lebens, in der es ja fast schon eine Gnade ist, so viel Zeit zu haben, auch nur einen einzigen Gedanken zu Ende denken zu können, und in einer Zeit der Herrschaft so vieler glänzend aufgeputzter, aber in Wahrheit hohler Worte, die mir persönlich oft wie eine Realisierung kafkaischer Ahnungen vorkommen und mich bedrücken, diesen Wandel säkularen Ausmaßes in seiner Bedeutung nicht wirklich zu erkennen. Nun ist meine Arroganz nicht ausgeprägt genug zu glauben, daß ich diesen Erkenntnisprozeß hier in wenigen Worten vollziehen könnte. Nur als Fingerzeig möchte ich daher folgendes andeuten dürfen: In den Verdichtungsräumen, nicht nur in ihnen, aber besonders in ihnen, vollzieht sich ja zweierlei: einmal die Zerstreuung der früher in einer Stadt bei klar ausgeprägtem Gegensatz Stadt—Land konzentrierten Funktion in die Fläche hinein und andererseits, jedenfalls teilweise, die Bündelung dieser Funktion in zum Teil neuen Siedlungseinheiten in der Fläche dieses engen Siedlungszusammenhanges, der ja nun einmal den Verdichtungsraum kennzeichnet. Die modernen Mittel des Verkehrs und der Nachrichtenübermittlung haben dem Bürger diese Lebensmöglichkeiten gegeben. Wie so etwas dann aussieht oder aussehen kann, meine Damen und Herren, das weiß jeder von Ihnen, der einmal die Agglomeration zwischen Boston und Washington erlebt hat. Ich meine, daß man über dieses Beispiel nachdenken sollte und daß dieses Beispiel auch für uns relevant ist. Man soll es nicht damit wegschieben, indem man sagt, Amerika sei nicht die Bundesrepublik. Es gibt warnende Beispiele genug, die es uns angeraten erscheinen lassen, die amerikanischen Entwicklungen rechtzeitig zu studieren. Das Entscheidende erscheint mir folgendes: Der so gesehene Prozeß, der sich in den Verdichtungsräumen vollzieht, als Lebens- und Siedlungsform, könnte, meine Damen und Herren, erschrecken Sie nicht, ich nehme das auf meine persönliche Verantwortung, in der künftigen Entwicklung unserer Siedlungsstruktur möglicherweise die Alternative zur Stadt sein, wenn die Option der Bürger in Zukunft gegen die Stadt ausfallen sollte. Wer sich bewußt ist, was die Stadt für unsere Gesellschaft in der Geschichte bedeutet hat und heute noch bedeutet, der wird das nicht leichten Herzens sagen — ich tue das auch nicht, denn ich bin Städter nach Herkunft und nach Lebensgewohnheiten. Niemand kann heute sagen, ob sich diese Alternative so verwirklicht. Das hängt letzten Endes davon ab, ob es der Stadt gelingen wird, ihre alte Funktion in der modernen technischen Struktur wiederzugewinnen. Denn danach allein wird sich die Haltung des Bürgers zu der Stadt oder zu der Zerstreuung der Funktion und der Bündelung der Funktion in der Fläche des Verdichtungsraumes entscheiden; allein danach, kein Werbeslogan der Städte und kein Propagandaaufwand wird daran etwas ändern. Es gibt für diese Wiedergewinnung der städtischen Funktion in der modernen zivilisierten Welt einige hoffnungsvolle Ansätze, Grund zum Zweifeln auch. Wir müssen uns also auf diese Alternative vorbereiten, denn eine ungeordnete Entwicklung in so wichtigen Gebieten, wie den Verdichtungsräumen, würde eine permanente Unterversorgung der in diesen Gebieten lebenden Menschen bedeuten, damit eine grobe soziale Ungerechtigkeit diesen Menschen gegenüber. Und, ich würde das für das letztlich Entscheidende halten, sie würde in den Menschen, die in diesen Gebieten leben, ein permanentes soziales Unbehagen erzeugen, und das Vorhandensein eines solchen sozialen Unbehagens hat sich in aller Geschichte noch als Sprengkraft von sehr gefährlichen Ausmaßen erwiesen.

Nun ist sicher die Frage, wie die Planung in solchen Räumen aussehen und wie sie organisiert sein soll, letzten Endes eine politische Entscheidung. Ich möchte das Wort

„politisch" hier nicht so deuten, wie es heute vielfach verstanden wird, nämlich als Bezeichnung einer sachlich nicht mehr zu begründenden, auf Vorurteil und Gefühl basierenden Entscheidung, sondern ich möchte das Wort „politisch" so verstehen, wie es eigentlich verstanden werden sollte, d. h., daß es ein Problem der Führung menschlicher Gesellschaften und der dauerhaften Ordnung in ihr ist. Das Problem der Planung in den Verdichtungsräumen ist ein Problem, das auf der Ebene solcher Relevanz liegt. Der Fachmann — und das sind wir hier — kann nur die Lösungsmodelle vorbereiten und sie bereithalten, und zwar mehrere Lösungsmodelle bereithalten. Es gibt für jedes Problem mehrere Lösungen. Wie man so schön sagt, mögen sie von relativer Vorzüglichkeit sein, d. h., die eine mag besser sein als die andere, aber der Fachmann, der behauptet, es gäbe für ein Problem nur eine Lösung, usurpiert die politische Entscheidung, und dies ist in unserem Staatssystem illegal, denn der Fachmann trägt die politische Verantwortung nicht. Und lassen Sie mich noch eins sagen: Dieses Lösungsproblem, diese Lösungsmodelle, müssen zur rechten Zeit zur Verfügung stehen. Alle Probleme im politischen Raum haben ihre Stunde, und diese Stunde wiederholt sich nicht. Was es bedeutet, wenn man sie verpaßt, hat jeder, der hinhören will, an der Bildungspolitik in den letzten Monaten erlebt. Wer die Lösung in der günstigen politischen Stunde — und niemand kann vorausberechnen, wann sie kommt — nicht bereit hat, der wird später nach ihr nicht mehr gefragt werden. Das hören viele nicht gern, insbesondere diejenigen nicht, die in einem nie endenden wissenschaftlichen Dialog sich der Qual der Entscheidung entziehen. Aber ich habe die Wahrheit dieses Satzes so oft erlebt, daß ich es nicht vergessen werde. Nach meinem Gefühl hat die Wissenschaft überhaupt die Aufgabe, uns zu lehren zu handeln, und nicht unser Leben in dauerndem Hin- und Herschieben von Argumenten zu verbringen.

Ich hoffe, daß unsere Tagung uns dazu hilft, Modelle zu entwickeln zur Planung in den Verdichtungsräumen, und ich hoffe, daß diese Tagung so ihren Zweck erfüllt. Ich weiß, daß das keine Kleinigkeit ist und daß manche sich fragen werden, ob man überhaupt ein solches Problem anpacken sollte, aber hier fällt mir eine Weisheit ein, die Seneca einmal so formuliert hat: Nicht weil es schwer ist, wagen wir es nicht, sondern weil wir es nicht wagen, ist es schwer.

Begrüßung im Namen des Ministerpräsidenten des Landes Hessen durch Regierungspräsident Dr. H. Wierscher, Darmstadt

Meine Herren Präsidenten, meine sehr verehrten Damen, meine Herren!

Es ist mir eine Ehre und eine angenehme Pflicht, Sie im Namen des hessischen Ministerpräsidenten, ALBERT OSWALD, zu Ihrer gemeinsamen Plenarsitzung hier in der hessischen Landeshauptstadt Wiesbaden begrüßen zu dürfen. Gleichzeitig darf ich Herrn Staatssekretär Dr. BOVERMANN entschuldigen, der Sie an sich namens der Landesregierung begrüßen sollte. Herr Dr. BOVERMANN mußte überraschend einen anderen unaufschiebbaren Termin wahrnehmen und hat mich deshalb gebeten, ihn hier zu vertreten, bitte haben Sie dafür Verständnis.

Meine Damen und Herren, Sie haben die heutige Tagung unter das Thema „Raumplanung in Verdichtungsräumen — Wunsch und Wirklichkeit" gestellt, und Herr Professor Dr. ERNST hat ja so einige Probleme bereits angerissen. Sie haben mit dieser Themenstellung sowohl die politische als auch die planerische Bedeutung der Verdichtungsräume unterstrichen. Auch aus hessischer Sicht ist dieses Thema hochaktuell; denn wenn Sie sich die Landkarte ansehen, werden Sie feststellen, daß das ganze Oberrheintal bis zur Main-Linie fast ein zusammenhängendes industrielles und siedlungsmäßiges Entwicklungsband bildet, mit starken Verdichtungen im Rhein-Neckar-Raum, hier im Raum Mainz—Wiesbaden und weiter den Main entlang bis in die Gegend von Aschaffenburg. Und dieses Band setzt sich in Teilbändern dann über die Main-Linie nach Norden fort in den Raum Gießen—Wetzlar und von Hanau durch das Kinzigtal bis in den Raum Fulda.

Gerade das engere Rhein-Main-Gebiet stellt heute einen mächtigen Wirtschaftsfaktor dar, allerdings auch mit all seinen negativen Folgen. Denn dieser Wirtschaftsraum wirkt immer noch wie ein Sog, und die Baulandreserven schmelzen zusehends zusammen. Und je mehr dieser Raum gesättigt wird, um so mehr wird in die Randgebiete ausgewichen. Sie können das deutlich in den Bevölkerungsstatistiken erkennen, die Auskunft darüber geben, daß einer nur noch langsam zunehmenden Einwohnerzahl in den Großstädten die sprunghaft steigenden Einwohnerzahlen in den Landkreisen, insbesondere in den angrenzenden Landkreisen, gegenüberstehen.

Meine Damen und Herren, Sie kommen aus allen Teilen der Bundesrepublik, und wir dürfen hier in unserer Mitte auch Gäste aus England und Schweden begrüßen. Die eben aus hessischer Sicht speziell mit dem Blick auf das Rhein-Main-Gebiet aufgezeigten Probleme sind auch bei Ihnen zumindest ähnlich. Wir alle sehen die von den sogenannten Verdichtungsräumen ausgehenden Gefahren, die Gefahren für die Umwelt und für den uns noch verbleibenden Lebensraum. Die Wirklichkeit ist, und damit komme ich noch einmal auf das Thema Ihrer Tagung zurück, daß vielerorts die jetzt einsetzenden Planungen bestenfalls nur eine Bremswirkung haben, durch die verhindert werden soll, daß der Raum, in dem wir leben und in dem unsere Nachkommen einmal leben sollen, das Wort „Lebensraum" nicht mehr verdient. Und Wirklichkeit ist aber auch, daß diese Bremsen zu greifen beginnen, dank der Tatsache, daß die Gesetzgebung zum einen und politische Verantwortung und eine gewisse Aufgeschlossenheit unter der Bürgerschaft andererseits nunmehr eine gewisse Gewähr dafür bieten, daß man erkennt, wie wichtig diese Probleme sind.

Ich möchte dabei insbesondere aus hessischer Sicht das Landesplanungsgesetz, das Landesraumordnungsprogramm und den Landesentwicklungsplan nennen, zugleich aber auch die Tätigkeit von fünf regionalen Planungsgemeinschaften und damit einhergehend auch die grenzüberschreitenden Planungen, wie beispielsweise auch hier im Raum Mainz — Wiesbaden oder im Rhein-Neckar-Raum, also in der Dreiländerecke Hessen, Rheinland-Pfalz und Baden-Württemberg. Ein Abbremsen kann und darf aber nicht zum völligen Stillstand führen. Vielmehr müssen aus dem Bremsvorgang heraus neue Wege der bewußten Gestaltung und Ordnung unseres Lebensraumes gesucht werden. Das darf kein Wunschdenken sein, das ist uns als Verantwortung auferlegt. Wir müssen auf der Basis gesicherter Erfahrungswerte — und aufbauend auf einer Analyse des Ist-Zustandes, aber auch unter Zuhilfenahme möglichst exakter Prognosen — versuchen, die Zukunft zu ordnen. Wir müssen Programme entwickeln, die alleine eine ausgewogene Raumstruktur und damit gesunde Lebens- und, hier möchte ich sagen Überlebensbedingungen für die Menschen in den Verdichtungsräumen zum Ziel haben. Und von unserem Gestaltungswillen, von unserem Durchsetzungsvermögen wird es abhängen, ob diese Planungen nur Schaubilder bleiben oder zu einem wirksamen Instrument werden für die Lösung der Probleme in unseren Verdichtungsräumen.

Ich bin sicher, daß auch die heutige Tagung uns allen weiterhelfen und uns befruchtende Anregungen geben wird. So erhoffe ich mir insbesondere eine Bereicherung unseres Wissens und damit eine nutzbringende Anwendung zum Wohle der Allgemeinheit. In diesem Sinne darf ich der Wissenschaftlichen Plenarsitzung der Akademie für Raumforschung und Landesplanung und der Akademie für Städtebau und Landesplanung einen guten Verlauf wünschen. Ich danke Ihnen.

Begrüßung im Namen des Oberbürgermeisters der Landeshauptstadt Wiesbaden durch Stadtrat Jörg Jordan, Wiesbaden

Meine sehr verehrten Damen, meine Herren!

Die Stadt Wiesbaden, die sich selbst eine Kongreßstadt nennt und hier einen Schwerpunkt ihrer Aktivitäten und ihre Entwicklungsmöglichkeiten sieht, freut sich sehr, Sie heute hier begrüßen zu können. Ich darf zunächst einmal für den Magistrat der Stadt Ihrer Tagung die Grüße dieses Magistrats überbringen. Das ist hier und heute nicht nur die übliche Höflichkeitsfloskel, die jedem Kongreß entboten wird, denn wir sehen: Was Sie zum Thema Ihrer Tagung genommen haben, führt unmittelbar in die Probleme unserer eigenen Stadt. Wir erhoffen uns also auch, daß die Ergebnisse Ihrer Tagung für uns unmittelbar fruchtbar gemacht werden können.

Wenn in Ihrer Einleitung steht, daß die Verdichtungsräume ein besonderes Problem darstellen, dem die bisherigen Organisationsformen nicht mehr gerecht werden, so läßt sich das sicherlich sehr anschaulich hier aufzeigen, in dem Raum, den Sie für Ihren Kongreß gewählt haben. Wiesbaden ist eine Großstadt im Rhein-Main-Ballungsgebiet. Dieses Rhein-Main-Ballungsgebiet wird zerschnitten durch vier Planungsgemeinschaften. Wiesbaden ist bereits sehr eng verbunden in vielerlei Verflechtungsbeziehungen mit der Stadt Mainz. Dazwischen aber liegt eine Landesgrenze und behindert die Planung. D. h., Planung wird hier entscheidend beeinträchtigt schon von den Organisationsformen her, die wir in diesem Ballungsgebiet finden und von denen wir auch nicht sagen können, daß sie in absehbarer Zeit sich tatsächlich ändern werden — allen schönen Wünschen zum Trotz, die die verschiedensten Gremien und Stellen und Persönlichkeiten in diesem Zusammenhang immer auszusprechen pflegen.

Wir in Wiesbaden versuchen, und das können nur Krücken sein, mit Hilfe von gemeinsamen Ausschüssen, beispielsweise mit der Stadt Mainz, zu einer gemeinsamen Bauleitplanung zu kommen, aber dessen ungeachtet bedeutet natürlich die kommunale Eigenständigkeit von zwei Landeshauptstädten und zwei Regierungssitzen eine Belastung aller solcher Bemühungen. So läßt sich auch in anderen Zusammenhängen anschaulich nachweisen, wie die Probleme, die Sie hier anschneiden, unmittelbar unsere eigenen sind, und daß — wie wir glauben — Sie eben deswegen einen guten Standort für Ihren Kongreß gewählt haben. Ich möchte auf einen Punkt eingehen, den Herr Professor ERNST hier in seiner Begrüßungsansprache genannt hat, als er über die möglichen Entwicklungen der Stadt und die denkbar gewordene Alternative zu der Stadt, wie wir sie kennen, gesprochen hat. Es ist in der Tat so, daß keine städtische Werbeparole irgend etwas nützen wird, wenn nicht auf diesen heute ja vielfältig veröffentlichten Erwägungen tatsächlich auch Handlungen, Taten, planerische Taten, städtische Taten aufgebaut werden. Die Wiedergewinnung der städtischen Funktion muß bewußte Politik werden, wenn wir tatsächlich noch glauben wollen, daß auf den Trend, der allgemein beklagt wird und der auch in Wiesbaden spürbar ist, Einfluß genommen werden kann.

In Wiesbaden hatten wir in den letzten 15 Jahren Wanderungsverluste von rund 13 000 Wiesbadener Einwohnern aus der Innenstadt an die Randbezirke. Demgegenüber stand ein Zuzug von 10 000 Ausländern. Der optische Verlust ist also relativ gering, aber der Strukturwandel wird deutlich. Auch um Wiesbaden erstreckt sich dementsprechend ein Siedlungsbrei, eine Landschaft, die an sich, wenn man rational die vorhandenen Ressourcen bewirtschaften würde, als Erholungslandschaft zu nutzen und nicht in ein Einzelhausgebiet zu verwandeln wäre. Diese Prozesse, die Sie alle um sich sehen, denen läßt sich nicht begegnen mit Fleißarbeiten und guten Ideen des städtischen Informations- und Presseamtes.

Wir versuchen, einige Konsequenzen zu ziehen, z. B. dadurch, daß wir das gesamte Innenstadtgebiet parzellenscharf mit einem neuen Flächennutzungsplan bedenken, in dem die Parzellen, auf denen noch gewohnt werden kann, auch tatsächlich wieder als allgemeines Wohngebiet ausgewiesen werden, um den Umnutzungsprozeß zu stoppen. Z. B. dadurch, daß wir unseren Gesamtverkehrsplan überarbeiten und dort, wo wir Straßenraum finden, der nicht unbedingt erforderlich ist, versuchen, diesen Straßenraum in Grünflächen — und das ist ganz wörtlich gemeint —, in Parks umzugestalten. Z. B. dadurch, daß wir auch konsequenterweiser die in unserem Flächennutzungsplan noch vorhandenen Trabantenstädte tatsächlich nicht mehr bauen, vielmehr insoweit unseren Flächennutzungsplan überarbeiten. Bei einer gleichbleibenden, eher sinkenden Zahl an Bevölkerung in einer Großstadt kann man nicht gleichzeitig sagen, wir tun etwas für das Wohnen in der Innenstadt und bauen Trabantenstädte. Beides schließt einander aus. Es gibt also eine ganze Reihe von Maßnahmen, mit denen wir versuchen, hier für die Stadt Wiesbaden unsere Probleme, die Sie, Herr Professor ERNST, angeschnitten haben, tatsächlich in den Griff zu bekommen. Wir versuchen, für uns den negativen Trend aufzuhalten, und dies mit einem erheblichen Aufwand — auch mit erheblichem finanziellen Aufwand — und mit der klaren Vorgabe, daß die finanzielle Investitionskraft der Kommune für das Wohnen in der Innenstadt, für die Sicherung der Funktion der Innenstadt mobilisiert wird, und alles andere erst in zweiter Linie kommt. Auch die Fragen der wirtschaftlichen Expansion, der Wachstumsexpansion in anderen Bereichen, müssen diesen obersten Zielen nachgeordnet sein. Das ist unsere aktuelle Politik, die dazu führt, daß wir selbst solche — ich will zugeben — mehr demonstrativen Bonbons vorzuweisen haben, daß Neckermann abgerissen und dem sozialen Wohnungsbau weichen wird, in der Innenstadt, hier in Wiesbaden. Auch das ist ein Beispiel, um nun aus diesen vielen guten Worten, die zu diesem Thema immer wieder gesagt werden, endlich auch Handlungen zu machen. Wir erhoffen uns als Stadt Wiesbaden, auch im Interesse des umliegenden Raumes, dessen Funktion sich ja auch negativ entwickeln wird, wenn der Kern abstirbt, von Ihrer Tagung noch weitere Anregungen für die Politik, die wir etwa in einer Großstadt im Verdichtungsraum heute für nötig halten müssen. Deswegen — ich wiederhole das — ist es nicht nur die übliche Höflichkeitsfloskel zu Beginn eines Kongresses in einer Kongreßstadt, wenn wir sagen, daß wir Ihrer Tagung in unserem eigenen Interesse guten Erfolg wünschen.

Referat Oberbürgermeister a. D. Dr. Hans Reschke, Mannheim

Zum Tagungsthema aus der Sicht der Kernstadt

Meine Herren Präsidenten, meine Damen und Herren!

Sie haben sich, Herr Professor ERNST, für die Behandlung des Tagungsthemas aus der Sicht der Stadt einen Laien zum Referenten bestellt. Ich bin nicht Planer, ich war Kommunalpolitiker oder Kommunalverwaltungsbeamter — wie immer Sie das ausdrücken wollen —, und ich habe den Vorstellungen, daß man als Kommunalpolitiker Fachmann auf jedem Gebiet ist, das in der Stadtverwaltung vorkommt, immer mit einer respektbereiten Illusionslosigkeit gegenübergestanden. Sie müssen also in Kauf nehmen, daß die Bemerkungen, die ich hier beitragen kann, Bemerkungen eines Laien sind. Aber ich möchte gerade deshalb an den Anfang ein Wort von Prof. WEICHMANN stellen, gesprochen bei der Verleihung des Plett-Preises an die Herren Spengelin und Schwerdler: „Sie, die Planer und Vollender, die Theoretiker und Praktiker, haben aus Bergen von Schutt und Asche eine Welt aufgebaut, gewiß nicht die beste aller denkbaren, aber die beste aller bestehenden Welten." Diese Feststellung aus dem Munde einer Persönlichkeit wie WEICHMANN wird den Planern wohlgetan haben, weil etwa zum gleichen Augenblick, in dem diese Worte gesprochen wurden, eine Ausstellung durch das Land zog unter dem Titel „Chance vertan, rettet den Rest".

Wie ist es zu dieser großen Diskrepanz gekommen? Auf der einen Seite die Würdigung der Leistung der Planer, aus Schutt und Asche wieder eine Welt aufgebaut zu haben, auf der anderen Seite die in dieser Ausstellung „Chance vertan, rettet den Rest" zutage getretene, zum Teil erbarmungslose Kritik?

Wir sind lange davon ausgegangen, und das hat auch bis zur Stunde noch eine gewisse Berechtigung, daß die Lebensform der Menschen auch die Stadtform prägt. Zumindest hat sie das getan, und es ist am deutlichsten in den Stadtbildern, die uns immer als Beispiel dafür gelten, durch die Gruppierung der Stadt oder des Stadtzentrums um die beiden großen Ordnungskategorien Rathaus und Kathedrale. Wir wissen aber, daß auch diese Ordnung schon vor langer Zeit Einbrüche bekommen hat. Sie können schon im Faust nachlesen, daß die Gegend, von der gesagt wird, „hier bin ich Mensch, hier darf ich es sein", erst erreicht wurde, nachdem die Menschen „der Straßen quetschende Enge" verlassen hatten, womit also damals schon der Freizeitwert und die Zusammengehörigkeit von Stadt und Umland für das Leben der Bürger zum Ausdruck kam. Mephisto hat das sehr viel plastischer noch ausgedrückt als Faust selbst: „Im Kerne Bürgernahrungsgraus, krummenge Gäßchen, spitze Giebel, beschränkter Markt, Kohl, Rüben, Zwiebeln, da findest du zu jeder Zeit gewiß Gestank und Tätigkeit, dann, weite Plätze, weite Straßen, vornehmen Schein sich anzumaßen und endlich, wo kein Tor beschränkt, Vorstädte grenzenlos verlängt", womit wiederum das Stadt-Umland-Problem aufgerissen ist.

Wenn dem Satz von der Stadtform, die von der Lebensform des Menschen geprägt wird, aber immer noch bis zu einem gewissen Grade eine Richtigkeit innewohnt, was konnte dann nach dem Kriege, bei der ersten Phase des Wiederaufbaues, entstehen, da es doch an Lebensform materiell und ideell gebrach, da keine strukturierte Gesellschaft als

Bauherrschaft für die Stadt mehr vorhanden war und noch kein Bewußtsein einer etwa neu strukturierten Gesellschaft hatte aufkommen können. Es war aber auf der anderen Seite auch nicht die Zeit nur des *Wieder*aufbaues, etwa von dem Willen getragen, nur eine Restauration vorzunehmen. Eine Restauration wessen denn auch? Gewiß einzelner geliebter Bauten. Aber welcher Struktur der Gesellschaft sollte denn nun am Ende aller Dinge einmal der Wiederaufbau und dann anschließend vielleicht der Neubau einer Stadt dienen? Es brach die Frage auf nach einer neuen gesellschaftgemäßen, zweckentsprechenden, aber auch menschenwürdigen Stadtform. Denn das hatte man nun allmählich erkannt, daß es nicht Institutionen und Machtgruppierungen an sich sein konnten, denen das Leben zu dienen hatte, sondern daß über ihnen die Humanitas, die Menschenwürde, stehen müßte.

Gleichzeitig damit kam die Frage: Ist die Gesellschaft, die jetzt in einer Stadt lebt, nicht so formlos geworden, daß sie die Mitte einer Stadt nicht mehr entbehrt? Bedürfen unsere Bürger noch dieser Darstellung ihres Selbstverständnisses im täglichen Umgang mit einer Stadtform? Bedürfen sie noch eines Bewußtwerdens der Zugehörigkeit zu einem Gemeinwesen, der Teilhabe an einer Gesellschaft, deren wohlgestaltete Stadtform gute Gefühle und vor allen Dingen Geborgenheit auslöst, oder ist das alles abgelöst durch die Forderungen nach bestimmten einzelnen, voneinander differierenden *funktionalen* Werten? Daraus und aus dieser Einstellung entstanden dann Wünsche oder, wenn Sie so wollen, auch Schlagworte in großer Zahl: nach der organischen Stadt, nach der autogerechten Stadt, der fußgängergerechten Stadt, nach der fußläufigen City, nach der Gartenstadt, nach der aufgelockerten, der durchgrünten, der gegliederten, der tertiären, der dezentralisierten, der harmonischen Stadt. Und dem gegenübergestellt wird dann, weil sich das alles nicht erfüllen läßt und sich widerstreitet, als Kritik an der Arbeit von Planern und Verwaltern, der „manipulierte Mensch", die „wehrlose Gesellschaft", die „gemordete Stadt", die „unwirtliche Stadt", eben „Chance vertan, rettet den Rest".

Hinter diesem allen steht im Grund die einfache Tatsache, daß Lebensform und Lebensqualität des einzelnen entscheidend von Gemeinschaftseinrichtungen abhängen. Höheres Einkommen bedeutet zwar höhere Wünsche, bedeutet aber nicht im gleichen Schritt höhere individuelle Freiheit, sondern größere Abhängigkeit von Gemeinschaftseinrichtungen. Dazu treten unsere gewandelten Vorstellungen von der Daseinsvorsorge überhaupt, teils ideologisch begründet, teils als Folge der Tatsache, daß der einzelne, trotz verhältnismäßig hohen Wertes an mobilem Vermögen, seiner eigenen Lebensphäre für seine Daseinsvorsorge wenig entnehmen kann. Individuelle Ansprüche werden in Ansprüche zur kollektiven Bedarfsdeckung umgewandelt. Da das nicht alles in der Perfektion geschehen kann, ist die Folge des Wandels Unbehagen, Unzufriedenheit und damit ein Wandel der Einstellung zur Gemeinschaft überhaupt. Daraus entstehen dann die Wünsche nach Stadtnähe und städtischer Lebensform, aber nach dem Haus im Grünen, nach der Stadt, die Arbeits- und Bildungsmöglichkeiten anbieten muß, aber nach der Randgemeinde, in der man einen ruhigen Wohnsitz, verkehrsgünstig und durch Kilometerpauschale subventioniert, hat. Professor HILLEBRECHT hat nach 20 Jahren erfolg- und erfahrungsreicher Tätigkeit einmal zusammengefaßt, daß es Ursache und Wirkung verwechsle, wenn man den Städten zur Last lege, daß sie heute nicht mehr funktionieren, und daß nicht nur die Städte, sondern die Vorstellungen von den Wohnwünschen und den Wohnmöglichkeiten in den Städten saniert werden müßten.

Nach welchen Werten also bemüht sich nun heute der Mensch? Wie kann, wenn überhaupt, eine urbane Struktur, sei es Stadt, sei es Stadt-Umland, über ihre technischen Funktionen hinaus Heimstatt solcher Werte für die Menschen werden, und wenn ja, welche Konzeptionen vom Städtebau und von der Gesellschaft werden dazu aufgegriffen? In der Begründung zum Änderungsgesetz zum Bundesbaugesetz vom November 1973 ist zu lesen: „Planung erfordert ein in die Gesellschaftspolitik integriertes Konzept für die räumliche Entwicklung, um den Wechselwirkungen von sozialer, wirtschaftlicher und räumlicher Entwicklung Rechnung zu tragen." Wer kennt denn diese Entwicklungen überhaupt langfristig? Einiges haben uns die Meinungsforscher vermittelt:

1. Angeblich wünscht der überwiegende Teil der Bevölkerung in Gemeinden über 50 000 Einwohner zu leben,
2. aber auch in der Großstadt streben 70 bis 80% der Bevölkerung nach einem Einfamilienhaus.

Wohnungswünsche können aber — das ist uns allen klar — bei einer Planung nur allgemein und nicht individuell erfaßt werden. Bilden nun solche Umfrageergebnisse eine reale Grundlage für eine realisierbare Planung?

Dem Wesen der Stadt sind eigen: der Drang zur Konzentration und der Drang zur Expansion. Das Wachstum ist theoretisch unbegrenzt, aber regellose Anhäufung von Menschen und Gebäuden ist noch keine Stadt oder sie ist keine Stadt mehr. Das Kraftfeld einer Großstadt wird weit über deren Grenzen hinaus wirksam, aber das Problem Großstadt kann ohne entscheidende Gefährdung aller natürlichen und kulturellen Daseinsfragen nur gelöst werden, wenn für beide Siedlungsformen, Stadt und Dorf, ein gegenseitiger Ausgleich erfolgt, auch außerhalb des Weichbildes der Stadt, aber im Strahlungskreis des großstädtischen Kraftfeldes. Es entsteht die Spannung zwischen der sich ausdehnenden, auch wohl zerfließenden Stadt, aber mit ihrer, wenn auch in die Gefahr der musealen Sehenswürdigkeit geratenden Mitte, und der abstrakten geplanten technokratischen Regionalstadt.

Bleiben wir, am Ende dieser kurzen Betrachtung nach Wünschen und Zielen, einmal bei dem Bekenntnis zu zwei Formulierungen: einer Formulierung von MUMFORD, die die Stadt als die kostbarste kollektive Erfindung bezeichnet, und einer Formulierung von Professor KÜHN aus Aachen, „die Stadt muß Stadt bleiben, das Land darf nicht städtisch verfälscht werden, in dem Wort Stadtlandschaft liegt die Gefahr der Auflösung". Aber bleiben wir auch bei der Erkenntnis, daß wir fast ohne Übergang die Entwicklung erlebt haben, von der Stadt, für die man lebte, über die Stadt, in der man lebte, zu der Stadt, von der man lebt, und daß es sich für die letztere schwerer planen läßt, als für die beiden ersten, weil die Willensentscheidung von Individuen und Gruppen, hier oder dort zu wohnen, hier oder dort zu arbeiten, hier oder dort Unternehmen zu errichten, wohl Trends erkennen lassen, wenn auch sehr variable, daß aber für langfristige Planungen sich ihnen kaum Indikatoren entnehmen lassen, jedenfalls keine sicheren. Der These einer allgemeinen Großstadtmüdigkeit steht mindestens ebenso belegbar gegenüber die These von ihrer Unentbehrlichkeit als geistigem Umschlagplatz, als lebensgestaltende Funktionsträgerin für eine Gesellschaft, die auf Geist und Geld und Wissen und hohe Ausbildungsmöglichkeiten und Kommunikation mehr angewiesen ist, als es je zuvor der Fall war. Einer Entballungsideologie mit der akzeptierten Folge des industrialisierten Dorfes wird entgegengehalten, daß die Arbeitsplätze des tertiären Sektors zahlenmäßig stärker zunehmen als die des industriellen und daß die tertiären Dienste nun einmal die Zentralstadt und in dieser wiederum nach Möglichkeit das Stadtzentrum anstreben. Fest steht, daß man hinsichtlich der sogenannten Assimilationserscheinungen wohl die Aussage machen kann, daß der aus dem Dorfe in die Stadt Hineinziehende sich dort assimiliert und zum Städter wird, daß aber die vielen, die aus den Städten heraus in die Dörfer und in das Umland ziehen, nicht gewillt sind, Landbewohner und Dörfler zu werden, sondern daß sie die städtische Lebensform weiter mit sich nehmen und weiter in sich tragen, was zu dem Schluß führen kann, daß der Wohnsitz außerhalb der kommunalen Stadtgrenze auf einer rein pragmatischen Entscheidung beruht, nicht auf einer emotionalen oder gar aus ideologischen Gründen getroffen wurde und daß der Umlandbewohner nach wie vor die Arbeits-, Bildungs- und die Ausbildungsmöglichkeiten in der Stadt braucht, daß das Beibehalten städtischer Lebensform die Erfüllung städtischer Sehnsüchte mit sich trägt und daß es sehr unterschiedlich ist, ob das Heimatgefühl dem Arbeitsplatz oder dem Wohnplatz folgt. Für beide Möglichkeiten und für beide Erscheinungen gibt es hinlängliche Beweise. Die Vereinigung dieser beiden ungeklärten Ziele aber denkt der Normalbürger den Planern zu als von ihnen mit leichter Hand zu lösende Aufgaben.

Das vorhandene oder erwogene Instrumentarium, mit dem man dieses große Feld des „scio me nescire" zu bestellen versucht, Ihnen aufzuzählen, erübrigt sich, Sie kennen es besser als ich. Erwähnt seien neben den Gesetzen nur noch die ihre Ausführung horizontal begleitenden Gremien, die zahlreich geworden sind, wie die Ministerkonferenz für Raumordnung, der Beirat für Raumordnung, der Rat für Stadtentwicklung, die Beteiligung der Gemeinden im Landesplanungsrat, die Beteiligung der sonstigen Träger öffentlicher Belange mit ihren Ansprüchen an den Planungsvorgang innerhalb der Gemeinden, und schließlich die leichter auszusprechende als zu realisierende Beteiligung der Bürger, denen der Änderungsentwurf des Bundesbaugesetzes offenbar dadurch eine besondere Entwicklungshilfe zu geben gedenkt, daß er einen Zwang zur Vorlage von Alternativen bei Bauleitplänen festsetzen will, wobei sich für den Planer die Frage erhebt, ob hier nicht Wohltat Plage wird. Bleiben wir aber erst mal einen Moment bei dem Zusammenwirken der institutionalisierten Kräfte in Stadt oder Umland. Die Bindungswirkung der Raumordnungsplanung von Bund und Ländern beschränkt die kommunale Initiative. Kommen noch regionale und teilräumliche Planungen dazu, so bleibt der Stadt oder den Städtern in Verdichtungsräumen, bei sehr begrenzter Bewegungsmöglichkeit auf örtlicher Ebene, die Realisierung übergeordneter Planungsvorstellungen übrig. Es wird darum gehen, ein unerläßliches Maß von Bindungen der Planung im örtlichen Raume durch überörtliche Leitlinien nicht völlig zu Lasten der bürgerschaftlichen Gremien der Gemeinde und Städte gehen zu lassen und den Bürgern, die in den geplanten Standorten menschenwürdig leben sollen, gewisse Planungsfreiheitsräume für ihre Bedürfnisse einzuräumen. Bauleitpläne sind ganz gewiß mit benachbarten Gemeinden abzustimmen, und wenn das nicht reicht, ist ein gemeinsamer Flächennutzungsplan unerläßlich. Die Planhoheit der Gemeinde kann nach einigen Gesetzen auf eine andere Gebietskörperschaft übertragen werden, sei es mit Zustimmung der Gemeinde, sei es, bei Übertragung auf einen Planungsverband, durch die Landesregierung. Die Novelle zum Bundesbaugesetz sieht die Planung von Zielvorstellungen für den gesamten kommunalen Raum vor. Es besteht als kaum noch Vertrauen in die Selbstregulierung der Gesellschaft, wie sie durch bürgerschaftliche Organe repräsentiert wird.

Es sind verschiedene Modelle föderaler Organisationsformen erdacht worden für Ballungsgebiete, die diesem Spannungsverhältnis Rechnung tragen und den Abbau öffentlichen Bewußtseins gegenüber technischen und auch kommerziellen Zwängen steuern sollen. Hier einige in wahlloser Reihenfolge: die „Verbandsstadt", von den Herren Professoren WORTMANN und TAMMS entwickelt, eine eine Reihe von Bezirksstädten überwölbende Verwaltungseinheit, ebenso wie die Bezirksstädte mit direkt gewähltem Parlament ausgestattet, mit Planungshoheit für Erschließung, Entwicklung, Erneuerung, von allen Gemeinden mit Rechten da ausgestattet, wo kommunale Aufgaben nur noch gemeinsam zu lösen sind. Die Kernstadt selbst wird dabei in Bezirksstädte aufgelöst und bleibt mit ihrem Gesamtgewicht unter 50 % der Vertretung. Aus Nordrhein-Westfalen kennen wir die „Städteverbände" aus kreisfreien Städten, zuständig für Flächennutzungspläne, für die Bestimmung des Zeitpunktes für Bebauungspläne, für Festlegung von Sanierungsgebieten und städtebauliche Entwicklungsmaßnahmen, für Entwicklungsprogramme für die Stadtentwicklung. Der Kern der örtlichen Aufgaben soll zwar bei den örtlichen Gemeinschaften liegen und der Städteverband soll nicht ein Vorläufer für eine Einheitsgemeinde sein. Das Ob und das Wann der Planung wird aber weitgehend aus der Kompetenz der kommunalen Selbstverwaltung gelöst, eine Abschichtung von der gemeindlichen Planungsebene erfolgt in dem Augenblick, in dem die Stadtentwicklungsplanung zur integralen Gesamtplanung auszubilden ist. Die bayerischen „Planungsregionen" sind bereits jetzt als Begräbnis erster Ordnung für die gemeindliche Planungshoheit — so zu lesen in der „Süddeutschen Zeitung" — plakatiert; Beispiel: München befindet sich mit 306 Gemeinden und 8 Kreisen in einem solchen Verband und ist vertreten mit 12 Mitgliedern in einem 32köpfigen Planungsausschuß. Ein Regionalplan soll bis 1975 den daran beteiligten Gemeinden verbindliche Daten setzen für Siedlungsentwicklung, Zahl der Arbeitsplätze, Versorgung, Entsorgung, Energie, Erholung und Infrastruktur. In Baden-Württemberg wird diskutiert, einen Flächennutzungsplan aus gemeindlicher Zuständigkeit heraus auf einen Nachbarschaftsverband zu übertragen. Gekämpft wird im Augenblick darum, das Willenbildungsorgan dieses Nachbarschaftsverbandes unmittelbar vom Volke wählen zu lassen unter Berücksichtigung der Mehrheitsverhältnisse der Einwohner zwischen Großstadt und Umland.

Bei all diesen Lösungen tritt vermutlich eine Trennung von Planungs- und Planungsdurchführungsraum ein. Der Rest von gemeindlichen Aufgaben auf diesem Gebiet — Bauaufsicht, fremddeterminierte Bebauungsplanung — hat wenig Integrationskraft. Zum zweiten ist zu berücksichtigen, daß ein monozentrischer Ballungsraum kaum verbandsmäßig überwölbt werden kann, ohne daß es praktisch zu einer Identifikation der Zentralstadt mit dem überwölbenden Verband kommt. Als notwendig ist anzuerkennen, dauerhafte Lösungen mit funktionsfähigem Mechanismus, sicherlich häufig durch Mehrzweckverbände zu erreichen, aber ohne daß die Trägerschaft für vorwiegend örtliche Aufgaben ohne Not auf sie übergeht, nicht als örtliche zentrale Planungsstellen, wohl aber als regionale Aufgabenträger.

Nun haben die Ausweitung der Planungsinhalte und die Konzentrierung der Planungsvorgänge bei wie immer gearteten Regionen die Tendenz zu bürgerfernerer Planung mit bürokratischen Zügen. Es wird aber gerade auf der anderen Seite die bürgerschaftliche Betätigung — ich zitiere: wegen des „erhöhten Legitimationsbedarfes der Planungsinstanzen" — grundsätzlich bejaht und für notwendig gehalten. Unvermeidliche Nachteile dieser bürgerschaftlichen Beteiligung sind natürlich Verzögerungen und ein größerer Verwaltungsaufwand. Das alleine spricht nicht gegen sie. Die Funktionsfähigkeit einer Verwaltung ist kein Wert an sich. Wenn es sinnvoll im Interesse einer besseren Lösung, einer besseren Demokratisierung ist, weitere Hebel in den Apparat einzubauen und diese Hebel von geeigneten Gremien bedienen zu lassen, muß der Gedanke einer raschen Funktionsfähigkeit dahinter zurücktreten, weil er — wie gesagt — kein Wert an sich ist. Aber das Problem liegt darin, ob und wie die etwa zustande gekommenen Entscheidungen solcher Gremien im Planungsprozeß relevant gemacht werden können, ohne zu einem großen Übergewicht von Teilinteressen zu führen. Auch hier ein Wort von Professor WEICHMANN: „Mitbestimmung ist Mitverantwortung, Mitverantwortung setzt einen moralischen Richtpunkt voraus, oder sie artet in von Egoismus bestimmten Forderungen aus." Professor DIENEL von der Gesamthochschule in Wuppertal hat in Anbetracht dieser Schwierigkeiten der unmittelbaren bürgerschaftlichen Beteiligung den Gedanken einer „Planungszelle" entwickelt, der Bürger als Planer zusammenfaßt, nicht aus Interessentengruppen hervorgegangen, sondern aus einem statistischen Repräsentativverfahren entwickelt. Gedacht sind diese Planungszellen als konkrete Alternative zu der die Demokratie aushöhlenden Resignation; ein Problem, das uns zweifellos zu lösen aufgegeben ist, das sich aber sehr schwer löst. Es bleibt aber auch bei den Planungszellen das Problem, wie Mitwirkungsmöglichkeiten und Rechte auf längere Dauer in solchen Planungsmitwirkungsgremien der Bürgerschaft institutionalisiert werden können. Ein Planungsverfahren ist ein Verfahren, das auf Dauer angelegt ist. Bürgerschaftliche Initiativgruppen haben im allgemeinen eine relativ kurze Lebensdauer, zumindest in der gleichen Besetzung, und sie haben in ihrem Wesen die Tendenz, sich in ihrer Zusammensetzung zu ändern. Wie also ein solches Gremium auf die Dauer eine Planung begleiten kann, nützlich begleiten kann, ist eine schwer zu entscheidende Frage, einmal wegen des Zeitfaktors und vor allen Dingen dann, wenn Entscheidungen über Infrastrukturplanungen mehr und mehr auf regionaler Ebene fallen.

Eine kurze Zusammenfassung, aber sicher keine Antwort auf die Frage nach der Vereinbarkeit von Wunsch und Wirklichkeit, die ja hier gestellt ist: Gegenstand der Stadtentwicklungsplanung in Verdichtungsräumen ist die Stadt als sozioökonomischer Raum, also einschließlich der die Grenzen des kommunalen Raumes überschreitenden Beziehungen. Ohne Anhebung bisher gemeindlicher Zuständigkeiten auf interkommunale Ebene geht es nicht. Die Anhebung übergemeindlicher Steuerungskapazitäten muß ihre Grenze finden vor der Erhaltung einer Dispositionsmöglichkeit für örtliche Angelegenheiten. Eine allgemein für alle Verdichtungsräume passende Rechtskonstruktion ist weder möglich noch notwendig, wahrscheinlich noch nicht einmal wünschenswert. Dazu sind die Räume zu verschieden, allein um das einfache Beispiel zu geben, daß die Dinge sich anders darstellen in einem monozentrischen als in einem polyzentrischen Raum. Die Quantifizierung der Gewichte von Zentralstadt oder Zentralstädten in dem zur Entscheidung bestimmten Regionalgremium ist sehr schwierig. Die Faustregel, nach der die Städte oder die Stadt in jedem Falle unter 50 % der Beteiligung an einem solchen Gremium liegen müssen, ist in dieser Verallgemeinerung weder gerecht noch gerechtfertigt. Ein aus direkter Wahl hervorgehendes Gremium ist vom Standpunkt bürgerschaftlicher Demokratie im Prinzip einer Zusammensetzung aus indirekter Wahl vorzuziehen, und zwar einmal schon deswegen, weil die kommunale Neugliederung vielerorts, und häufig gerade in Verdichtungsräumen, ohnehin schon eine Reduzierung der Zahl der Gemeindeparlamente mit sich bringt und damit eine latente Verlagerung von Entscheidungsprozessen in den nicht verfaßten, d. h. den bürokratischen Raum, zum anderen aber auch, weil die Komplizierung der Planungsvorgänge ohnehin den Bedürfnissen der Bürger weniger gerecht werden kann als der regionalen Strukturpolitik. Ein direkt gewähltes Gremium ist zudem ein besseres, weil institutionalisiertes Regulativ gegenüber einer übertriebenen Teilhabe nichtinstitutionalisierter Mitsprachegremien, die ja letztlich ihre Legitimation aus dem Spannungsverhältnis von Planung und individueller Freiheit ableiten. Wir wissen aber, daß bei ständig sich verdichtenden Planungen es um die individuelle Freiheit schlecht bestellt ist. Wir wissen, eine wie schwere kommunalpolitische Aufgabe es ist, der Einsicht Raum zu verschaffen, daß wer eine lebendige Stadt mit lebendigem Umland wünscht, sich dem fügen muß, daß ein solches Gemeinwesen Planung und Eingriff und auch Macht braucht und daß diejenigen, die berufen sind, temporär diese Macht auszuüben, auch Vertrauen brauchen. Das läßt sich um so leichter erreichen, je einsichtiger die Antwort auf die Frage gegeben werden kann: Wer plant für wen, wessen Individualität bedarf welcher Begrenzung gegen welchen anderen individuellen Freiraum? Mit anderen Worten: Welche Wirksamkeit, welche Erfolgschancen können dem unvermeidlichen Zugreifen des vorhandenen Planungsinstrumentariums zugesprochen werden? D. h.: Zieht richtige Raumordnung die richtige Gesellschaftsordnung nach sich? Womit wir in die Nähe unseres allerersten Gedankens gekommen sind. Fragen wir uns doch einmal ganz nüchtern: Was war und was ist im Stadt-Umland geplant? Oder was war oder was ist primär von freien Kräften gesteuert und dann sekundär geplant? Wo sich doch nach einer schwer widerlegbaren Erkenntnis staatliche und privatwirtschaftliche Planungen fortlaufend gegenseitig hervorbringen. Vielleicht sind die Grenzen der planerischen Durchdringungsmöglichkeiten der Umwelt und der Lebensvorgänge doch enger gesteckt, als gelegentlich angenommen wird, und vermögen das unmittelbar empfundene Wohlergehen der Bürger kaum einzubeziehen. Die im Grund doch wohl für Erweiterungen konzipierten Instrumente der Bauleitplanung eignen sich wenig für Eingriffe in bestehenden Strukturen. Das Städtebauförderungsgesetz bietet ein schwerfälliges und verwaltungsaufwendiges Verfahren an. Überrundet nicht vielleicht dadurch gelegentlich die Realität, auch die Realität der Bewußtseinsänderung, die Planung gerade in dynamischen Verdichtungsräumen mit dem dort vielfach so ausgeprägtem Lebensgefühl der Vorläufigkeit und der Mobilität, wo doch eine humane Planung Kenntnisse von Verhalten und Bedürfnissen voraussetzt? Es erhöhen wohl die steigenden Zweckzuweisungen und das Bundesraumordnungsprogramm die Steuerungskapazitäten übergemeindlicher Stellen, aber bleibt nicht trotz der Regionalisierung der Entscheidungen der Einfluß auf die Standortentscheidung, z. B. der Träger des tertiären Sektors, außerordentlich begrenzt? Also kommen wir an die Erkenntnis, die Bundesminister Vogel folgendermaßen formuliert hat: „Die Entscheidung fällt nicht bei intensiverer Stadtforschung, nicht bei durchdachterer Stadtentwicklung oder durch bessere Techniken der Partizipation oder der Verwaltung oder bessere regionale Kooperation. Alles das wird gebraucht, aber die Entscheidung fällt auf dem Felde der allgemeinen Gesellschaftspolitik."

Nun aber besteht in dieser Gesellschaftspolitik z. Z. kaum ein konsensus omnium, noch nicht mal über gewisse Grundwerte im individuellen und gesellschaftlichen Verhalten. Auch die Planung — und damit mindert sich das Gewicht des Unterschieds zwischen regionaler und örtlicher Planung — kann in vielen Fällen nur eine zeitlich begrenzte, mit Kompromissen gewonnene Bedarfspriorität dem ständigen Wandel entgegenstellen. Die Ungewißheit über das, wohin die Entwicklung geht, ist uns als Aufgabe aufgegeben. Es ist nicht mehr so, wie an einem Stadttor in Bremen steht:

> Bremen, wes gedechtig
> Laat nich mer in
> Du syst erer mechtig

Darin ist der Gedanke der Verantwortung vor einer bestehenden Ordnung zum Ausdruck gekommen, die erhalten werden mußte und in die man nichts einlassen sollte, dessen man nicht mächtig werden könnte, geistig nicht mächtig werden könnte. Uns ist diese Verantwortung vor einer bestehenden Ordnung nicht mehr beschieden, sondern wir stehen in der Verantwortung für eine neuzuschaffende Ordnung, unter Umständen einer sich immer wieder erneuernden Ordnung. Das ist der Standort der Planung und vielleicht auch der Kommunalpolitiker in der Gegenwart in Entwicklungsgebieten.

16

Referat Verbandsdirektor a. D. Dr. Kurt Becker-Marx

Zum Tagungsthema aus der Sicht der Region

I. Theorie der Region

Das Thema hat ein Datum und ein Quaesitum. Das Datum: was der Verdichtungsraum ist. Das hat uns die Ministerkonferenz für Raumordnung im Jahre 1968 auseinandergesetzt. Das Quaesitum: was die Region ist. Das hat uns noch niemand gesagt, jedenfalls niemand mit derartiger Autorität.

Ich möchte deshalb eine Definition versuchen. Also:

Frage 1: Was ist die Region?

Antwort: Ein Begriff von bemerkenswerter Unbestimmheit. Die Spannweite reicht von den 14 Regionen, in welche der Kaiser Augustus die Stadt Rom aufgeteilt hat, über die Regionalliga und Regionalverteidigung bis zu den Himmelsregionen, also den astronomischen Kategorien, mit denen wir die Räume der Himmelskugel abmessen.

Zwischen dem einen und dem anderen erstrecken sich Welten, und das in des Wortes wahrster Bedeutung. Aber was wir heute — andeutungsweise, schemenhaft — unter der Region verstehen, ist weder die altrömische Infrastruktur der Verwaltung noch die astronomische Kategorie.

Frage 2: Warum beziehen wir uns mit unseren Versuchen, moderne Aktionsbereiche exakt zu definieren, ausgerechnet auf eine Kategorie, die von allen denkbaren Bezugsgrößen die unexakteste ist?

Antwort: Eben dieser Undeutlichkeit wegen. Das ist nur scheinbar ein Paradox. In Wahrheit sprechen wir heute von Aktionsbereichen, die wir in ihren Abmessungen noch nicht kennen. Sie bezeichnen, bedarf deshalb eines Begriffes, der zunächst einmal jeden konkreten Bezug auf bestehende Einheiten ausscheidet. Die Region mit ihrer Spannweite zwischen der lokalen Dimension und der des Weltraums ist offenbar dafür vorzüglich geeignet.

Unter diesen Voraussetzungen begegnen wir heute auf den Ebenen der Raumordnung, wie wir alle wissen, ganzen Inventaren regionaler Gruppierungen, zwischen der Stadt-Region und der Region auf der heute so aufdringlich gewordenen Stufe europäischer Regionalpolitik; auch das hat ja seine Spannweiten. In jedem Fall aber ist das Regionale das X vor der Klammer, die unbekannte Größe, mit der man heute eine Summe von Bruchwerten multiplizieren soll, um zu dem gewünschten Ergebnis zu kommen. Das ist die formale Einheit des sachlich so differenzierten Begriffs.

Mit anderen Worten: Die Region ist ein Arbeitstitel, bisweilen fast eine Art Kampfbegriff geworden, den wir einsetzen, um gegenüber alten Einheiten politischer Raumgliederung neue Einheiten zu finden, die den Zeitverhältnissen entsprechen. In diesem Sinne ist auch die Verwaltungsneuordnung unserer Tage „regionaler" Natur. Das nennen wir zwar nicht so, aber im kommunal-strukturellen Begriff der „Stadt-Region" ist das schon da. Das ist der Fall im Bereich der Neuordnung auf der mittleren Ebene, also zwischen den Landkreisen und den Regierungsbezirken. Diese *Region im engeren Sinne* ist unser Thema. Das ist schließlich der Fall im Bereich der Länderneugliederung und der europäischen Politik. Die Neugliederung bezweckt nichts anderes als die Gliederung der Bundesrepublik in räumliche Einheiten, in denen die Funktionen des modernen Lebens möglichst ungebrochen ablaufen können. Das ist ein regionales Prinzip, ähnlich der Regionalisierung in Frankreich — trotz mancher Differenzen im übrigen. Schließlich steht für die kontinentale Dimension der Vorschlag von Gravier, Europa in 52 Regionen aufzuteilen. Die Region ist allgegenwärtig.

Frage 3: Was bringt die Region auf der mittleren Ebene zustande, von der ich gesprochen habe?

Antwort: Typische Aufgaben der technischen Innovation. Die technische Welt hat die Fähigkeit, dem menschlichen Leben durch die Vorhaltung optimaler technischer Ausrüstungen die Chance der optimalen Wirkungsbreite zu eröffnen: Technik als Instrument der Lebensförderung. Das ist vielleicht die einzige ethische Legitimation der Technik. Es ist eine andere Frage, ob wir diese unerhörten Möglichkeiten bisweilen nicht zum banalsten Gebrauch einsetzen: Das haben wir selbst zu vertreten.

Einrichtung und Betrieb der Apparaturen technischer Lebensförderung wird in erster Linie die öffentliche Hand zu leisten haben, erst in zweiter Linie die vielen privaten Hände. Die öffentliche Hand kann nicht nach den Prinzipien privatwirtschaftlichen Nutzens arbeiten. Aber sie muß die maximale Ausnutzung ihrer Einrichtungen sicherstellen; sie muß also am bestgeeigneten Standort für einen größtmöglichen Nutzerkreis investieren.

Das ist der Ausgangspunkt dieser speziellen regionalen Frage. Aber dann ergeben sich zwei neue Fragen: Was ist der größtmögliche Nutzerkreis, was der bestgeeignete Standort?

Zunächst *Frage 4:* Was ist der größtmögliche Nutzerkreis?

Antwort: Wir weisen Unter-, Mittel- und Oberbereiche aus. In allen diesen werden die Versorgungsfunktionen geleistet, die diesen Ebenen entsprechen.

Welcher dieser Bereiche hat nun unmittelbare regionale Relevanz? Keiner von ihnen. Der regionale Bereich ist der über ihnen rangierende, innerhalb dessen die technische *Vollversorgung* der Bevölkerung wahrgenommen werden kann. Ein Beispiel: Ein normaler oberzentraler Bereich mit seinen Einwohnerzahlen um die halbe Million trägt das Krankenhaus für Grund- und Regelversorgung, die Müllverbrennungsanlage oder das System der weiterführenden Schulen. Aber er trägt nicht die höchstspezialisierten, kompliziertesten und teuersten Einrichtungen, etwa das Krankenhaus für die Maximalversorgung, das Nahverkehrssystem, den Regionalflugplatz. Dafür ist eine höhere Stufe nötig. Diese nennen wir Region.

Ich behaupte also, technische Vollversorgung werde in der Region geleistet, also Versorgung der Bevölkerung mit allen erforderlichen technischen Einrichtungen der Lebensförderung. Läßt sich das wirklich halten?

1. Es ist nicht davon die Rede, die Region müsse selbst alles Nötige vorhalten. Unter-, Mittel- und Oberbereiche, welche die Region integriert, tragen ihre Sachaufgaben. Die unmittelbar regionale Funktion ist die komplementäre, also die Vorhaltung der Einrichtungen, die sich auf den niederen Ebenen nicht darstellen lassen. Aber innerhalb des regionalen Bereichs ist auf den vielen Feldern technischer Innovation alles Erforderliche bereitzustellen, also Vollversorgung zu leisten.

2. Der Staat seinerseits ist ebenfalls Träger technischer Einrichtungen: Aber er ist das nur ausnahmsweise, dort, wo die Maßstäbe den zentralen Einsatz verlangen. Das sind also enumerative Fälle. Staatliche Zuständigkeit auf dem Leistungssektor ist primär der Einsatz und die Verteilung öffentlicher Leistungen auf die Leistungsträger. Das Verhältnis von staatlicher und weiterer, also im weiteren Sinne regionaler Aktivität ist das Verhältnis von Strategie und Taktik.

Ist das aber so, dann zählen die regionalen Aufgaben zum Bereich der Kommunen, weil die Zuständigkeit der vielfältigen und stets vielfältiger werdenden Investitionsaufgaben nur vom Bereich gemeindlicher Allgemeinzuständigkeit abgedeckt werden kann. Ich sage das nicht, um das Panier streitbarer Kommunalpolitik zu entrollen. Es geht um die Frage, wo Aufgaben nach unserem politischen System lokalisiert werden müssen.

Frage 5: Was ist der bestgeeignete Standort für die Einrichtung technischer Vollversorgung? Jetzt erst, in diesem späten Augenblick tritt der Verdichtungsraum ins Spiel.

Antwort: Man wird zunächst sagen, dieser Standort sei die Stadt, so wie wir das zu sehen gewohnt sind. Nicht jede Stadt freilich, sondern ein Oberzentrum im regionalen Bereich. Und auch nicht jedes Oberzentrum, sondern dasjenige, in dem sich nach Leistungskraft und verkehrlicher Lage diese höchstspezialisierten Dienste am besten darstellen und nutzen lassen. Dieses Oberzentrum, eine Art Superzentrum, ist die regionale Metropole.

Aber das Problem des Standorts wird kompliziert, wenn man bemerkt, daß die tradierte Stadt zerfällt. Die überhäuften Funktionen der Stadt beginnen sich — wegen dieser Überhäufung — zu zerstreuen. Die Stadt breitet sich aus, und sie löst sich dabei auf. So entsteht an Stelle der Stadt die Stadtlandschaft oder die Stadtregion. Diesen Vorgang für die Raumordnung greifbar zu machen, dient der Versuch der Ministerkonferenz, den Verdichtungsraum abzugrenzen.

Was wir also heute Verdichtungsraum nennen, ist das Rudiment einer neuen Art von Stadt. Daß wir — wie etwa im kommenden Bundesraumordnungsprogramm — diesem Verdichtungsraum noch Skepsis und frostige Kühle entgegenbringen, ist der horror novi. Für das regionale Standortproblem bleibt beachtlich, daß anstelle der zentralen Stadt der zentrale Verdichtungsraum die typisch regionalen Einrichtungen aufnehmen kann: also dezentraler Standort im zentralen Verdichtungsraum. Mehr ist hier über den Verdichtungsraum nicht zu bemerken.

Frage 6: Spätestens an dieser Stelle wird man sich fragen, ob denn keine konkreten Bezugsgrößen für die regionalen Einheiten bestünden.

Antwort: Es gibt sie, etwa dank des Experiments, das FRIDO WAGENER in seinem bekannten Buch „Neubau der Verwaltung" unternommen hat. Bei seiner Studie über moderne Verwaltungsaufgaben und deren optimale Einzugsbereiche kommt Wagener zu dem Schluß, daß zwischen 100 000 und 300 000 Einwohnern eine deutliche Konzentration der Aufgaben stattfindet: Das ist die Ebene der Landkreise oder die Ebene der mittleren Großstadt, die also nichts von den Regionen zu fürchten haben. Dann aber liegt der nächste Schwerpunkt der Aufgaben bei Einwohnerzahlen zwischen 1,5 und 5 Millionen. Hier liegen, wie schon gesagt, etwa die Aufgaben des öffentlichen Nahverkehrs, der spezialisierten Krankenversorgung, des regionalen Flugverkehrs im Linienbetrieb, aber auch der Sonderschulen höchster Stufe, Großmärkte, großräumiger Wasserversorgung und Energieverteilung. Über den Mittel- und den Oberbereichen findet sich hier der regionale Komplementärbereich für die Vollversorgung der Bevölkerung.

II. Praxis

Das ist, in sechs Punkten zusammengefaßt, die Exposition des Themas. Ich komme jetzt zu den Fragen der Praxis. Lassen Sie mich bitte kurz darstellen, inwieweit solchen Prinzipien in der Praxis entsprochen wird, vor allem aber, in welchen erkennbaren Richtungen die Entwicklungen laufen.

Vier Schwerpunkte

1. Wir finden auf der Ebene der Region heute die regionalen Planungsverbände — oder Planungsgemeinschaften — oder wie diese sonst immer heißen mögen. Jedes Land setzt seinen Ehrgeiz darein, in Ausübung seiner Landeshoheit diese regionalen Organisationen etwas anders zu verfassen und auch etwas anders zu nennen, als das im Nachbarland geschieht. Aber es ist erstaunlich, daß gleichwohl in den Grundlagen eine Symmetrie zwischen diesen Organisationen besteht. Das ist segensreich.

Leisten nun aber diese regionalen Träger ihre enormen Aufgaben, die ihnen das regionale Problem stellt? Ich würde sagen: Nein, und sie sind auch gar nicht dazu konstruiert, das zu vermögen. Dafür die folgenden Gründe:

Das entscheidende Handikap dieser regionalen Planungsverbände ist ihre Fixierung auf Planung. Die Administration, vor allem die Kompetenz der Investition fehlen ihnen. Aber zum qualifizierten Nachdenken hätte es dieser umständlichen Organisationen nicht bedurft.

Das ist nicht ungewollt: Hätten sie die Kompetenz der Administration, so würde sich die ganze mittlere Ebene, also die zwischen Gemeinden und Land, aufrollen. Das ist nicht erwünscht. Man muß deshalb in der Verweigerung dieser Kompetenzen einen Akt der regionalen Empfängnisverhütung sehen. Derart wird dann das freundliche Zusammenwirken der regionalen Partner zu einem Akt der Liebe ohne Furcht. Für die Stabilität einer instituierten Ordnung ist das sehr wichtig.

Aber es ist unvermeidlich, daß sich dann auf die Dauer ein Gefühl der Frustration einstellt. In dieser aktuellen Lage befinden sich die Verbände. Trotz mancher, in der bedrängten Situation sogar eindrucksvoller Leistungen verstärkt sich die Meinung, die Regionalverbände hätten zum Leben zuwenig und zum Sterben zuviel. Daraus kann man alternative Folgerungen ziehen: Entweder muß man ihnen genug zum Leben geben, oder man muß sie sterben lassen. Beide Folgerungen werden heute gezogen.

2. Die erste Alternative besteht darin, die Region administrativ zu verfestigen. Das ist etwa der Fall bei der niedersächsischen Lösung des Großraums Hannover, oder, wenn auch viel vorsichtiger, im Regionalverbandsgesetz Baden-Württemberg. Diese Lösung bleibt in der Logik der Entwicklung: Die Ausbildung echter regionaler Kompetenzen, die zu den Planungskompetenzen hinzutreten, komplettiert die Leistungen der Vollversorgung, wie ich das oben dargelegt habe. Im übrigen war die alte Idee des Regionalkreises, also die Vernunftehe zwischen Region und Landkreis, schon ein Schritt in dieser Richtung. Hier wird ein Prinzip konsequent weitergebildet und ausgeformt.

3. Nun die zweite Alternative. Hier gibt es zwei Varianten; diese bleiben nicht in der Logik der Entwicklung, sondern sie kehren den Trend um. Mit anderen Worten: Hier vollzieht sich der strategische Rückzug aus der Region.

Der erste auf diesem Rückzug ist der Staat. Auf bayerischem Boden ist dieser Rückzug schon vollzogen, auf rheinland-pfälzischem Boden sind die Marschbefehle geschrieben, und Nordrhein-Westfalen geht — so scheint es — in die Bereitstellung: Besonders tragisch ist der Rückzug der Region in Rheinland-Pfalz, nachdem gerade dieses Land mit einer feierlichen Proklamation der Region im Landesplanungsgesetz in die Fanfare des Vormarsches gestoßen hatte. Jetzt klingen die Trauersignale zur Retraite etwas mißtönig: Man hatte eben noch den anderen Klang im Ohr.

Der Rückzug aus der Region wird dadurch vollzogen, daß man die Region zwar als Rahmen bestehen läßt, ihr aber die Planungsapparate wegnimmt. Diese werden vom Staat an sich gezogen und bei den Regierungspräsidenten lokalisiert. Natürlich ist das ein Akt der Sterilisation der Regionen, vielleicht sogar ein Akt der Euthanasie. Allerdings wird der Staat, so scheint es, sich dann sehr wesentlich finanziell engagieren. Es ist so schön, so kann man frei nach einem Wort Tucholskys sagen, derart etwas für die Region zu tun, wenn man weiß, auf diesem Wege kommt sie nicht.

4. Die zweite Variante: Man kann sich dann nicht wundern, daß auch aus dem kommunalen Bereich Konkurrenzen erwachsen, und hier liegt eine weitere Rückzuglinie aus der Region. Im Vordergrund stehen heute Regionalstadt, Umland — oder Nachbarschaftsverband.

Entscheidend ist, daß in beiden Fällen der Versuch gemacht wird, den Verdichtungsraum, also den regionalen Kern, aus der Region herauszupräparieren, straff zu organisieren und nur noch die Rinde, bestenfalls das Plasma, für die regionale Aktion übrigzulassen. Diese Tendenz zur Lösung finden wir heute fast überall im Bereich der großen Verdichtungsräume.

III. Kritik dieser Lösungsversuche

Eine pluralistische Gesellschaft sucht und findet plurale Lösungen, und das klingt heute ja ganz gut. Irritierend wird das Verfahren aber dann, wenn in einer konkreten Situation nur ein Weg der richtige sein kann, die anderen also falsch sein müssen. Dann ist in Wahrheit der Begriff des Pluralismus nur eine euphemistische Formel für Entschlußlosigkeit.

Wie also soll man die Akzente setzen?

1. Mit den regionalen Planungsverbänden heutiger Konstruktion ist wahrhaftig nicht viel getan. Die Verfassung der Planungsregionen ist kein Jahrhundertwerk, nicht einmal eine Zwischenlösung, höchstens eine Verlegenheitslösung. So geht es nicht.

2. Was nun die Abtretung regionaler Aktivitäten an den Staat, konkret an den Regierungspräsidenten, angeht, so könnte das vielleicht gutgehen. Aber die Aussichten sind gering. Natürlich findet man auf der territorialen Stufe der Regionen die Regierungspräsidenten vor, und nichts liegt näher als der Schluß, dort seien diese auch am besten und unschädlichsten aufgehoben, wenn sie schon irgendwo aufgehoben werden sollen. Aber dieser Schluß ist voreilig, und er wird zu interessanten Folgen führen.

2.1. Denn wenn es richtig ist, daß der Anlage unseres Systems nach die technische Vollversorgung in der allgemeinen Zuständigkeit der Gemeinden ressortiert, dann ist es falsch, sie am Staat festzuzurren: Man mutet einer Behörde zu, das zu aktivieren, was zum Aktionsbereich ganz anderer Behörden zählt. Das ist schon eine falsche Exposition.

2.2. Aber die Behörde des Regierungspräsidenten ist auch gar nicht dafür geschaffen, derartige Aufgaben zu übernehmen. Man kann nicht mit jedem Instrument, nur weil es bei der Hand ist, jede Art von Arbeit leisten. Die Behörde des Regierungspräsidenten ist — im Leistungsbereich — die Instanz, die zentrale Investitionsmittel in sachgerechten Quoten verteilt — soweit heute die Zentrale das nicht schon selbst besorgt. Die sogenannte Bündelungsfunktion ist nur ein Reflex dieser Aufgabe. Was wir aber brauchen, ist nicht die sachgerechte Verteilung, sondern die sachgerechte Ausrüstung eines Bereichs, also die Investition der richtigen Träger am richtigen Ort für den richtigen Bereich. Dafür aber sind die Regierungspräsidien seit Friedrich Wilhelm I. und dem Grafen Montgelas nie eingerichtet gewesen.

3. Nun bleiben also noch die Regionalstadt mit ihren beiden Varianten und die administrativ angereicherten Regionen als die beiden übrigen Lösungsmöglichkeiten.

Auch die Lösung der Regionalstadt würde ich bei unserer heutigen Lage für kontraindiziert halten. Im Grunde ist das nichts weiter als das alte Skandalon deutscher Kommunalorganisation, Stadt und Land an der Stadtgrenze auseinanderzureißen, nur diesmal in einer höheren Oktave: diesmal heißen die beiden Parteien Stadtlandschaft — also Verdichtungsraum — und der Rest. Das ist offenbar die hausbackene Lehre, die wir aus dem Prozeß der Verdichtung gezogen haben, und sie spricht kaum für Weitsicht.

Ich würde persönlich nicht anstehen, diese neuen Ideen für Parasiten der regionalen Idee zu halten. Was wir da veranstalten, ist die Schaffung zweierlei Rechts für die Bürger einer Region: Es wird vollversorgte Bürger im zentralen Schwerpunktbereich und versorgte zu 50 oder 75 % in den Peripherien geben. Wir schaffen in der modernen Leistungsregion eine Klasse von Periöken im Sinne der alten spartanischen Verfassung: Das sind Leute, die an den Peripherien des Stadtraums leben, wohl zum Krieg herangezogen werden, sonst aber sehr reduzierte bürgerliche Rechte haben.

Dabei leugne ich nicht die Bedeutung des Nachbarschaftsverbandes für den engsten Bereich der Konurbation, etwa des Ergänzungsbereichs bei der Stadtregion BOUSTEDTS: Um hier die nötigen interkommunalen Verbindungen zu schaffen, ist dieser Verband geeignet und richtig. Nur muß er sich an die kommunalen Dimensionen halten und darf nicht in die regionalen einbrechen. Sonst ist der Dualismus der Organisation mit seinen schädlichen Folgen da.

4. Die Erweiterung der regionalen Planungsverbände zu Verbänden regionaler Exekutive, etwa nach dem Vorbild des Großraums Hannover, würde ich für den geeigneten Weg halten, mit anderen Worten: die Fortenwicklung der Planungsregion zur Verwaltungsregion. Das ist die Lösung, die seit dem Referat von WERNER WEBER auf dem 45. Juristentag im Jahre 1964 akut ist und die trotz aller Abwege immer noch den richtigen Bezugspunkt darstellt. Freilich sind die Widerstände enorm, und es ist nicht außergewöhnlich, daß die Pferde vor diesem Hindernis verweigern. Aber ich glaube, daß die Sachzwänge der modernen Entwicklung uns in diese Richtung führen werden, wie sehr wir auch versuchen, nach links oder rechts auszubrechen.

IV. Die mittelfristige Projektion

Aber das ist die längerfristige Projektion. In der mittel- oder der kurzfristigen sieht die Sache anders aus: Hier scheint alles darauf hinzudeuten, daß sich Regionalstädte oder deckungsgleiche Umlandsverbände bilden, die, wie oben gesagt, die Region in den zentralen Aktivraum und den indeklinablen Rest zerschneiden. Der Integrationseffekt, der durch die Region unter dem Einfluß ISBARYS mit der gemeinsamen Denkschrift des

Deutschen Landkreistages und des Deutschen Gemeindetages des Jahres 1962 eingesetzt hat, droht verlorenzugehen. Wir halten jetzt wieder da, wo wir angefangen haben. Aber jetzt ziehen die Zentren des Verdichtungsraumes die frei flottierende regionale Energie an sich. Die Konzentrationsräume grenzen ihre Interessengebiete ab. Im Sinne unseres Themas: Nicht die Regionen integrieren die Verdichtungsräume, sondern die Verdichtungsräume die Regionen. Ich will diese Zukunftsbilder nicht weiter ausmalen. Aber es sieht so aus, als ob das dazu führen würde, daß das moderne Leben in regionale Stadtrepubliken hineinwachsen werde, während der Staat mit seinen Regierungspräsidien auf dem regionalen Rest sitzenbleibt, immer in der Position eines geduldigen Wohltäters oder eines Gebrechlichkeitspflegers.

Zum Schluß würde ich meinen, wir müßten der Versuchung begegnen, das alles als eine Art administrative Kosmetik oder als eine Form juristischer Träumerei anzusehen. Wir haben vielmehr auf moderne Strukturänderungen zu reagieren. Aber es kann keine Frage sein, daß wir das noch nicht tun.

In Wahrheit besteht die Gefahr, daß sich zwischen sozialem Bedarf und politischer Bedarfsdeckung die Distanzen vergrößern. Das ergibt eine gefährliche Lage. Unsere heutigen nervösen Reaktionen auf das Phänomen der Region werden niemanden davon überzeugen, wir hätten die Entwicklung im Griff.

Referat Ministerialdirigent a. D. Dr. Hans-Gerhart Niemeier, Düsseldorf

Zum Tagungsthema aus der Sicht des Landes

Schon die Bezeichnungen der Kommunalverfassungsgesetze des 19. Jahrhunderts deuten an, daß man seitens des Staates nicht nur landsmannschaftliche und landschaftliche, sondern auch siedlungspolitische Unterschiede der Kommunalgebilde anerkannte. Es gab z. B. in Preußen nicht nur unterschiedliche Gesetze für die östlichen und für die westlichen Provinzen, es gab vielmehr auch Städteordnungen einerseits und Landgemeindeordnungen andererseits, bis seit der Deutschen Gemeindeordnung von 1935 nur noch die Einheitsgemeinde existierte. Allerdings war diese Gemeindeordnung nicht etwa in der Gleichstellung von Stadt und Landgemeinde ein revolutionärer Bruch, sondern vielmehr der gewollte und gewünschte Abschluß einer Entwicklung auf gleiches Recht für alle Kommunalgebilde der ersten Stufe, die etwa in Bayern mit den ersten Jahrzehnten des 19. Jahrhunderts oder etwa im Rheinland Mitte des vorigen Jahrhunderts eingesetzt hatte. Jedenfalls war seit der Gemeindeordnung von 1935 ein siedlungspolitischer Unterschied zwischen Kleinst- und Größtgemeinde rechtlich nicht mehr relevant. Mit diesem Abschlußschritt waren klein und groß gleichgeordnet; aber die Ordnung des noch Größeren wurde nicht in Angriff genommen. Und dieses Problem der kommunalen Ordnung des Großraumes durch eine Verwaltung erster oder unterer Stufe ist auch bis heute nicht generell gelöst. Angesichts der vielen Lösungsvorschläge und theoretischer Modelle könnte man auch zu der Auffassung kommen, daß diese Frage durch ein Einheitsgebilde nicht möglich ist. Natürlich gab und gibt es Gebilde höherer Ordnung, die Provinzen, Landschaftsverbände, Kreise, Ämter, Samtgemeinden, aber eben nicht eine allgemeine Form für ein erstinstanzliches oder unteres kommunales Gebilde, außer der seit langem geordneten, wenn auch in ihrer Organisationsstruktur häufig geänderten Gemeinde.

Das Problem der siedlungsmäßigen Grenzüberschreitung durch diese Einheitsgemeinde hat man bisher nur mit der Erweiterung der gemeindlichen Grenzen, mit Eingemeindungen gelöst. Von diesem Prinzip politischen Handelns gibt es bisher nur einige wenige Ausnahmen, die aber alle örtlich fixiert sind, keine Allgemeinregelung darstellen. Es sind eigentlich nur das Groß-Berlin-Gesetz von 1920, das Ruhrsiedlungs-Verbandsgesetz von 1920 und das Großraum-Hannover-Gesetz von 1962. Es gab zwar schon im vorigen Jahrhundert ein kommunales Sondergesetz, nämlich das Gemeindeverfassungsgesetz für Frankfurt am Main von 1867, aber das sollte nicht die Frage einer Agglomeration regeln, sondern lediglich einige Folgerungen aus der Einverleibung der Freien Reichstadt Frankfurt in den preußischen Staat im Jahre 1866 ziehen. Neben diesen Sondergesetzen versuchte man, durch Zweckverbandsgesetze für grenzüberschreitende Fragen Lösungsmöglichkeiten anzubieten, wobei das preußische Zweckverbandsgesetz bereits auch schon aus der Zeit vor dem 1. Weltkrieg, nämlich dem Jahre 1911, stammt. Dabei ist eines allerdings klar, daß die Zweckverbandsform den vielfältigen Beziehungen in einem Verdichtungsraum auf keinen Fall genügen kann, da sie immer nur für Einzelaufgaben oder zur Not auch für eine Reihe von Einzelaufgaben praktikabel sein kann; dabei ist die Umständlichkeit der Willensbildung in solch einem Verband auch nicht zu übersehen.

Es kommt hier nicht darauf an, die Gesetze über Berlin, das Ruhrgebiet und den Großraum Hannover in ihrer praktischen Bewährung zu untersuchen. Vielmehr dürften zwei Feststellungen wichtig sein, auf der einen Seite keine Einheitsgemeinde oder, wenn wie bei Berlin doch Einheitsgemeinde, eine mehr oder minder starke Auflockerung durch Bezirke, auf der anderen Seite eine Verstärkung des staatlichen Einflusses zum Unterschied von dem normalen Einfluß gegenüber Gemeinden. Nach dem ursprünglichen Berlin-Gesetz war Berlin nicht nur Stadt, sondern auch Regierungsbezirk mit eigenem Bezirksausschuß und starker Stellung des Polizeipräsidenten. Dem Ruhrgebiet wurde mit dem Verbandspräsidenten, der jetzigen Landesbaubehörde Ruhr, eine staatliche Sonderbehörde gegeben. In dem über 40 Jahre jüngeren Groß-Hannover-Gesetz ist der staatliche Einfluß erheblich zurückgedrängt, aber noch spürbar, etwa darin, daß der Verband staatliche Denkmal- und Naturschutzaufgaben hat und darin einer klaren staatlichen Fachaufsicht unterliegt. Man wird wohl als Tendenz feststellen dürfen: einerseits nicht völlige Vernichtung einer kommunalen Selbständigkeit, andererseits Verstärkung des staatlichen Einflusses. Überhaupt bemüht sich der Staat bei Kommunalgebilden höherer Stufen um Wahrung und Verstärkung seines Einflusses. Erinnert sei an die Doppelstellung des früheren preußischen Landrats oder des früheren preußischen Oberpräsidenten, an Bestätigungsrechte für die Oberkreisdirektoren oder für die beiden Landesdirektoren der Landschaftsverbände in Nordrhein-Westfalen. Man kann aber auch denken an das Bemühen um eine Verstärkung und Intensivierung der staatlich gesteuerten Landesplanung, die mittelbar die kommunalen Gebilde beeinflußt.

Man wird als Organisationsprinzipien für innerstaatliche Gebilde festzustellen haben, daß Selbstverwaltungsgedanke und staatlicher Einfluß miteinander verbunden werden, wobei der Versuch gemacht wird, die Einwirkungsmöglichkeiten des Staates zu verstärken, je größer nach Raum und Einwohnerzahl diese innerstaatlichen Organisationseinheiten sind. Dabei unterliegt der Gedanke der Selbstverwaltung in größeren Gebilden notwendigerweise gewissen Beeinträchtigungen. Das Großgebilde verliert für die Einwohner an Ortsnähe und dadurch an Interesse. Bürgerschaftliche Verwaltung setzt ein Gefühl der Gesamtverantwortung für das zu verwaltende Gemeinwesen voraus, nicht also primär die Vertretung von Sonderinteressen. Es ist die Frage, ob man solch ein Gesamtverantwortungsgefühl für ihre Großwohngemeinde noch bei unserer Bevölkerung voraussetzen kann. Das ist recht fraglich, wobei Ausnahmen bei einzelnen Persönlichkeiten das Gesamtbild nicht zu verändern vermögen. Es kann aber nicht zweifelhaft sein, daß Vergrößerung von Raum und Einwohnerzahl dazu ganz stark beiträgt, den Willen zur Mitarbeit, zur ehrenamtlichen Mitarbeit in der Gemeinde herabzusetzen.

Bei dem Prinzip, den Einfluß des Staates zu verstärken, wird man nicht übersehen können, daß große Gebilde im Staat auch den Staat zu schwächen vermögen. Wir hatten bekanntlich früher reichsunmittelbare Städte, die den Territorialherren bis zum Ausgang des ersten Reiches ein ständiger Dorn im Auge waren. Wir haben heute noch immer zwei bundesunmittelbare Städte. Faktisch, wenn auch nicht sofort rechtlich, könnten sich eine Weltstadt Ruhr oder ein Groß-Frankfurt zu einer ähnlichen Stellung, wenn auch noch innerhalb der Länder Nordrhein-Westfalen oder Hessen, entwickeln. Schon von daher muß das Land als Ziel im Auge behalten, trotz siedlungsräumlicher Ausdehnung die Großgemeinde nicht zu groß werden zu lassen oder aber den staatlichen Einfluß gesetzlich zu verankern. Aber es ist nicht ganz einfach, in einem föderalistischen Staat die Macht von Untergebilden innerhalb der Länder nicht zu groß werden zu lassen. Das gilt um so mehr, je schwächer die Stellung dieser Länder ist und je stärker das gesamte Finanzsystem, d. h. die Steuern, der Finanzausgleich, die staatlichen Dotationen, vom Bundesstaat her gelenkt werden. Es gibt bekanntlich kommunale Spitzenverbände nicht nur innerhalb der Ländergrenzen, sondern auch für den Bund. Schon in der ersten Republik war es ganz sicherlich für den Kommunaldezernenten der Regierung Köln nicht so ganz einfach, dem Oberbürgermeister von Köln im Aufsichtswege Vorschriften zu machen.

Man wird also bei jeder Organisation in Verdichtungsräumen sehen müssen, daß die bürgerschaftliche Mitverwaltung Einbußen erleiden muß, daß aber andererseits auch keine zu massiven Machtblöcke entstehen dürfen.

Die Kommunalreform der Gegenwart hatte bei ihrem Beginn beide Gesichtspunkte noch nicht im Blickpunkt. Es handelte sich zunächst um die Beseitigung von Kleinstgemeinden, um die Zuordnung von bisher selbständigen Siedlungsbereichen zu ihrem wirklichen Versorgungsort. Es ging darum, etwa für ein modernes Schulsystem oder die Verkehrserschließung der engeren Bezirke oder die Wasserversorgung oder die Abfallbeseitigung leistungsfähigere Gebilde zu schaffen. Das Hauptinteresse galt dem Ziel, die Leistungsfähigkeit der Kommunalverwaltung zu steigern; die Effektivität der Verwaltung stand an erster Stelle. Man gab sich dabei der stillen Hoffnung hin, daß es mit der Selbstverwaltung schon weiter gut gehen werde. Es wurde bei der ersten Etappe der Kommunalreform, jedenfalls bei einer so durchgehenden wie in Nordrhein-Westfalen, auch durchaus eingesehen, daß eine moderne Gemeinde schon einen Mindestumfang und eine Mindesteinwohnerzahl haben müsse, wenn sie den Anforderungen der Gegenwartsgesellschaft auch nur einigermaßen genügen wolle. Und man nahm hin, daß dies eine Anzahl von Bürgermeisterposten und Ratsherrensitzen kosten würde.

Dabei kam der Durchsetzung der Reform entgegen, daß der Normalbürger nicht allzuviel Verständnis für das Festhalten von Ämtern hat und sich zudem von dieser Reform Einsparungen versprach. Das ist aber seitens der Reformer nie behauptet, wenn auch aus taktischen Erwägungen nie sehr deutlich bestritten worden. Man war sich vielmehr doch darüber klar, daß Leistungssteigerung auch Kostensteigerung mit sich bringen müßte oder zum mindesten könnte. Die erste Welle der Kommunalreform stieß nicht auf allzu große Schwierigkeiten. Man nahm in Kauf, daß Zwergschulen verschwanden, weil man wußte, daß das auch ohne Gebietsreform geschehen werde. Man fand sich damit ab, daß Kleinstverwaltungen eingingen und die Entfernungen zum Gemeindebüro etwas größer wurden. Dem Zug zum Größeren konnte man sich nicht widersetzen, wenn man nicht rückständig erscheinen wollte. Außerdem sahen diejenigen Bürger, die sich ernsthaft damit beschäftigten, daß dies alles anerkannten Vorstellungen entspräche, denn Ausgangsbasis dafür war ja das zentralörtliche Gliederungsprinzip der Landesplanung, der man Objektivität, Neutralität und richtige Zukunftsschau zutraute und abnahm. Man darf auch nicht übersehen, daß die erste Stufe der Gebietsreform sich nicht nur vorwiegend in den ländlichen Zonen abwickelte, sondern hier innerhalb der Kreisgrenzen. Die Kreisverwaltung blieb erhalten. Zwar mag es kein Kreisbewußtsein geben, aber die Behörde der Kreisverwaltung spielt eine große Rolle, zumal sie für Kleinstgemeinden vielfach die Ortsverwaltung übernommen hatte.

Diese relativ harmlose und gutwillig aufgenommene oder auch nur hingenommene Situation änderte sich mit der Inangriffnahme größerer Räume, also mehrerer Kreise, und der damit zu lösenden Frage der Neugliederung in Verdichtungsräumen. Bei zwei kleineren Verdichtungsräumen des Landes Nordrhein-Westfalen, Aachen und Bielefeld, war das Problem noch einigermaßen gut und einsichtig lösbar. Es handelte sich um zwei Solitärstädte, wobei es nicht auf die Gliederung eines Verdichtungsraumes, sondern auf den Umfang der Eingemeindungen ankam. Aber man konnte bei diesem System der Eingemeindungen ohne Suche nach neuen Prinzipien bleiben. Allerdings führte das Bielefeld-Gesetz zu einem wichtigen Prozeß vor dem Verfassungsgerichtshof des Landes, den die Stadt Sennestadt gegen ihre Eingemeindung nach Bielefeld führte, aber im September

1973 verlor. Sennestadt wurde nach dem 2. Weltkrieg als Entlastungsstadt für Bielefeld als eigene Gemeinde gegründet. Sennestadt gehört im landesplanerischen Sprachgebrauch zur Ballungsrandzone; Bielefeld ist anerkanntes Oberzentrum dieses Raumes. Sennestadt mit rd. 22 000 Einwohnern und einer Größe von 22 qkm liegt von der Innenstadt Bielefeld 12,5 km entfernt. Es ist nicht zu leugnen, daß Sennestadt eine gewisse Eigenständigkeit hatte. Aber die Verflechtungen mit dem Oberzentrum Bielefeld können natürlich nicht übersehen werden. Dies beginnt schon in den Anfängen der Gründung, denn sie geht zurück auf den Raummangel Bielefelds. Es kam hinzu, daß die Bildung eines Umlandkreises für Bielefeld nicht möglich war. Eine Zuordnung zu dem Nachbarkreis Gütersloh hätte den Wirtschaftsraum Bielefeld zerschlagen. Bei der Kommunalreform ist die Betrachtung einer Gemeinde als Insel nicht maßgebend; deshalb ist es nicht von Gewicht, ob Sennestadt eine eigenständige, gesunde, leistungsfähige Gemeinde hätte bleiben und weiter werden können — so das Verfassungsgericht. Wichtig für die Gerichtsentscheidung war vielmehr das Wohl der Gesamtbevölkerung im Bielefelder Verflechtungsraum. Das Gericht hat ferner als Gesichtspunkt für die Klageabweisung der Gemeinde Sennestadt hervorgehoben, daß durch die Eingemeindung nach Bielefeld Konkurrenzplanungen der Stadt und auch etwa des Kreises vermieden würden; das aber sei wünschenswert.

Zur Selbstverwaltung in diesem Fall darf man wohl nicht verschweigen, daß der bisherige Rat der Stadt Sennestadt 33 Mitglieder hatte und daß Sennestadt in Zukunft im Rat der Stadt Bielefeld mit drei Mitgliedern vertreten ist.

Nun kann allerdings ein Verfassungsgericht nicht nachprüfen, ob eine Eingemeindung die beste von allen möglichen Lösungen ist. Vielmehr ist Gesetzesgrundlage die Vorschrift der Gemeindeordnung des Landes (§ 14), daß nur aus Gründen des öffentlichen Wohls Gemeindegrenzen geändert, Gemeinden aufgelöst oder neugebildet werden dürfen. Ein Gericht kann und darf also nur untersuchen, ob dieses öffentliche Wohl gewahrt worden ist. Wenn es aber das Ziel des Gesetzgebers des Bielefeld-Gesetzes war, ein leistungsfähiges Oberzentrum zu schaffen, dann war die Einordnung von Sennestadt nach Bielefeld nicht offensichtlich ungeeignet, eine großräumige Neuordnung zu erreichen; dann war diese Einordnung kein Verstoß gegen das öffentliche Wohl, mithin nicht gesetzeswidrig.

Man sagt wohl nicht zuviel, wenn man die Behauptung wagt, daß der Fall Sennestadt für die Raumplanung in Verdichtungsräumen angesichts der Größe und Eigenständigkeit dieser Stadt und angesichts der Entfernung vom City-Kern an der Grenze zwischen Möglichkeit und Unmöglichkeit von Eingemeindung steht, wenn man nur diese als Gliederungsprinzip für Verdichtungsräume anerkennt.

Hier hat man den Gedanken der Effektivität der Verwaltung, aber auch die Planungsgedanken, -möglichkeiten und -notwendigkeiten einer Gemeinde in den Vordergrund gestellt, Prinzipien der Selbstverwaltung mit Ortsnähe und Mitsprachemöglichkeit aber zurückgesetzt. Vielleicht müssen Städteplanung und Landesplanung sich fragen, ob sie in ihrem Optimismus den Kommunalreformern nicht doch eine gewisse Euphorie hinsichtlich dessen, was Planung nicht alles kann, eingehaucht haben. Es darf nicht übersehen werden, daß die Städteplanung in immer stärkere Verflechtungen, Gebundenheiten und damit Abhängigkeiten von überörtlichen Planungen kommt. Das gilt für die räumliche Planung, gilt für die davon losgelöste Entwicklungsplanung und gilt erst recht für die Finanzplanung, von der nun einmal die Durchführung aller Planungen abhängt. Daraus müßte gefolgert werden, daß der Planungsgedanke nur hinsichtlich der Schaffung eines vernünftigen Areals wichtig ist, aber nicht völlig vorherrschend gegenüber dem Gedanken der Selbstverwaltung werden darf, es sei denn, daß man diesem unausgesprochen nicht mehr eine entscheidende Bedeutung beimißt. Darüber läßt sich aus manchen Erwägungen und Erkenntnissen der Psyche des Einwohners einer Stadt am Ende des 20. Jahrhunderts reden; aber das sollte man dann auch tun. —

Auch das Aachen-Gesetz hat zu einem interessanten Prozeß vor dem Verfassungsgerichtshof in Münster geführt. Es handelte sich nicht um eine Eingemeindung nach Aachen, also nicht um ein Problem im Verdichtungsraum. Aber in diesem Prozeß hat die aufgelöste Gemeinde gewonnen. Dies sei nur als Beweis dafür genannt, daß es im Gerichtsverfahren auch anders ausgehen kann, als der Landtag beschlossen hat.

Das eigentliche Problem für Nordrhein-Westfalen war die Neugliederung des Ruhrgebiets. Es ist im Mai 1974 nach langen, langen Überlegungen, Auseinandersetzungen, Verwertung von Vorschlägen gelöst worden, und zwar im Sinne des bisherigen kommunalen Aufbaus: kreisangehörige Gemeinde, kreisfreie Stadt, Kreis. Alle sonstigen Modelle für die innere Gliederung einer Stadt oder auch für einen Städteverband sind nach eingehenden Diskussionen in Landesregierung und Landtag und dazwischen stehenden Koalitionsgremien abgelehnt worden. Aus den Diskussionen im Landtag anläßlich der letzten Lesung des Gesetzes am 8. Mai 1954 hat man den Eindruck, daß man die gefundenen Lösungen nicht als *das* Ideal ansieht. Aber man hielt sie im Rahmen der getroffenen Vorentscheidungen für eine vertretbare Lösung.

Zur Diskussion und Entscheidung standen drei Typen:
1. Fortsetzung der bisherigen Eingemeindungstaktik, d. h. Folgerungen aus der seit der letzen Neuordnung Ende der 20er Jahre eingetretenen Entwicklung, also Verringerung der Zahl der Gemeinden durch Vereinigung von Städten,
2. Gliederung der Einheitsgemeinde in Unterstädte, also Modelle der Verbandsstadt, der Regionalstadt,
3. Städteverband, d. h. nach Durchführung von grenzberichtigenden Eingemeindungen Zusammenschluß kreisfreier Städte des Reviers zu 4—5 Städteverbänden, die unter Wahrung der Selbständigkeit der Städte überörtliche und kommunale Grenzen überschreitende Aufgaben planen und auch durchführen sollten.

Dieses dritte Modell hatte große Verwirklichungschancen, da der Innenminister selbst es für die beste Lösung hielt. Er hat nachgegeben. Eine Untergliederung der Stadt in Unterstädte mit einer gewissen Selbständigkeit ist m. E. zu Recht daran gescheitert, daß sich eine zufriedenstellende Aufteilung der Kommunalaufgaben erster Instanz nicht finden läßt. Diese hat nämlich nur dann Sinn, wenn die Unter- oder Teilstädte gewisse Entscheidungsbefugnisse haben. Sie kann nur zu Lasten der Gesamtstadt gehen. Das ist noch nicht bedenklich, da man auf diese Weise stärker als bei der ungegliederten Groß-Stadt die bürgerschaftliche Selbstverwaltung retten könnte. Aber wenn man das will, wenn man also etwa den Bezirksausschuß nicht nur über die Anbringung von Ampeln oder von Sperrketten vor Schulausgängen entscheiden lassen will, dann muß man, um die Mitarbeit in einem solchen Bezirk attraktiv zu machen, den Entscheidungsrahmen größer ziehen. Das ist nicht unbedenklich, da es in einem Verdichtungsraum natürlich keinen klaren Grenzen gibt und ein Auseinanderbrechen der Einheitsgemeinde in verschiedene Teilräume unausweichlich ist. Dann ist es schon besser, die Teile voll selbständig zu lassen.

Ähnliches läßt sich zur umgekehrten Lösung, zur Vereinigung von Städten in einem Städteverband, sagen. Wenn es zu einer guten Entwicklung kommen soll, dann müssen die Verbandsstädte mancherlei Zuständigkeiten abgeben. Das Selbstverwaltungsleben in den Großstädten, das sowieso schon mit einigen Fragezeichen zu versehen ist, schläft dann noch mehr ein. Dann wären noch größere Einheitsgemeinden die bessere Lösung. Und ganz wichtig ist natürlich, daß 4—5 Städteverbände im Revier auch nicht die erstrebte Entwicklung einheitlich fördern. Gewiß ist 5 besser als 16, die bisherige Zahl der Großstädte.

Es blieb also bei dem Gliederungsprinzip der Eingemeindung. Statt 16 Großstädte haben wir im Revier noch 9. Die Zahl der Gemeinden wurde von 66 auf 27 verringert. Der neu gegliederte Raum hat knapp 5 Millionen Einwohner. Diese Zahlen seien zur Frage der Möglichkeit der Selbstverwaltung gesagt.

Man sollte den Gedanken der Selbstverwaltung nicht nur vom Verantwortungsbewußtsein unserer Bürger und den damit verbundenen Negativakzenten durchdenken, sondern auch von der Zuständigkeit der Gemeinde her. Woran ist denn der Bürger, wenn überhaupt, noch interessiert? Doch wohl kaum an der Normalverwaltung. Deshalb sollte man überlegen, ob man die Aufgaben der Stadt nicht einteilen kann in Ordnungs- und in Gestaltungsaufgaben oder, mit gängigeren Begriffen benannt, in Eingriffsverwaltung und in Leistungsverwaltung. Von der Verantwortung und Mitberatung der Ordnungsaufgaben wird der Rat entlastet. Er hat nur noch mitzuwirken bei Gestaltungsaufgaben. Es könnte sein, daß das Bürgerinteresse an einer Gesamtverantwortung dann wieder wächst.

Das Problem Raumplanung in Verdichtungsräumen scheint mir in Nordrhein-Westfalen noch nicht endgültig gelöst zu sein, wenn ich auch meine, daß die Ablehnung von Städteverbänden einerseits und Verbandsstädten andererseits richtig war. Das Problem ist nicht allein die Gestaltung der Organisation des eigentlichen Ruhrgebiets, sondern vielmehr die Schaffung einer Verwaltungsform für die gesamte Rhein-Ruhr-Ballung, d. h. für etwa 10—11 Millionen Einwohner, also für knapp $2/3$ Einwohner des Landes. Aber wenn man für sie eine geschlossene Organisation schaffen würde, hätte man wohl mehr als nur einen Staat im Staat. Schon deshalb muß es auch für diesen Großraum bei Aufteilung in Verwaltungseinheiten oder -bezirke bleiben. Was es an einheitlicher Politik für dieses Gebiet bedarf, z. B. Verkehrspolitik, Siedlungspolitik, Energiepolitik, muß vom Lande, von der Zentralinstanz, gemacht werden.

Kritisch dagegen ist jedoch zu sehen, daß mit der kommunalen Neuordnung im Ruhrgebiet nicht gleichzeitig die Frage der staatlichen oder vielleicht einer kommunalen Mittelinstanz für dieses Gebiet gelöst worden ist. Allerdings sind hierzu einige Vorentscheidungen gefallen, die nicht ohne weiteres positiv gesehen werden können. Man hat sich zunächst für die Aufrechterhaltung der beiden Landschaftsverbände, der beiden früheren preußischen Provinzen Rheinland und Westfalen entschieden. Ob es zu wesentlichen Grenzkorrekturen zwischen ihnen kommen wird, die allerdings gerade an der Nord-Süd-Grenze bei der Abgrenzung im Ruhrgebiet erforderlich wären, weiß man noch nicht. Vielleicht wäre das nicht so wichtig angesichts der klaren Sonderzuständigkeiten der beiden Landschaftsverbände. Aber nach ihrer Abgrenzung werden sich auch die Grenzen der im Augenblick noch geplanten vier Regierungsbezirke richten, der staatlichen Mittelinstanz mit ihren umfassenden Zuständigkeiten. Es kann passieren, daß der Verdichtungsraum Ruhr an zwei Stellen durch Regierungsbezirksgrenzen durchschnitten wird, einmal im Westen durch die Abgrenzung der beiden rheinischen gegen die beiden westfälischen Regierungsbezirke und dann noch im Osten durch die Abgrenzung der beiden westfälischen Bezirke untereinander.

Noch nicht entschieden ist aber auch die Frage, ob es für das Verdichtungsgebiet Ruhr so etwas wie einen kommunalen Dachverband geben soll, etwa für Fragen der Planung an und über die Grenzen der Großstädte hinaus und auch als Trägerorganisation für bestimmte überörtliche Aufgaben, etwa Stadtbahn oder Abfallbeseitigung oder Naherholungseinrichtungen. Das dürfte um so erwägenswerter sein, als aller Voraussicht nach staatliche Bezirksgrenzen den Raum durchschneiden werden. Damit ist das Schicksal des Siedlungsverbandes Ruhrkohlenbezirk, gegründet 1920, angesprochen.

Dieser Verband ist neben Rheinland und Westfalen auch Landesplanungsgemeinschaft. Die Landesplanungsgemeinschaften sind eine Sonderform der Organisation der Landesplanung, die kein anderes Land der Bundesrepublik kennt. Die beiden Landesplanungsgemeinschaften Rheinland und Westfalen sind nicht deckungsgleich mit den beiden Landschaftsverbänden Rheinland und Westfalen-Lippe, schon aus der Tatsache ersichtlich, daß es drei Landesplanungsgemeinschaften, aber nur zwei Landschaftsverbände gibt. Die Landesplanungsgemeinschaft Siedlungsverband Ruhrkohlenbezirk zieht sich von Ost nach West durch das Land und umfaßt Teile, dicht besiedelte Teile beider Landschaftsverbände.

Nach dem seit einigen Jahren ziemlich feststehenden politischen Willen aller Fraktionen des Landtags sollen die drei Landesplanungsgemeinschaften 1975 aufgelöst werden. Die Planungsarbeit, die Planungsbürokratie gehen auf die vier Bezirksregierungen über. Aber bei ihnen werden kommunale Bezirksplanungsräte geschaffen, die nicht etwa nur Beiräte sind, sondern Entscheidungsbefugnisse haben, nämlich das Recht der Aufstellung der Regionalpläne, das bisher die Landesplanungsgemeinschaften hatten. Zwischen den am Verdichtungsraum Ruhr beteiligten Bezirksplanungsräten fehlt es aber einstweilen noch an jeder Verbindung. Die Pläne sind natürlich unter den Nachbarn abzustimmen. Eine letzte Entscheidung wird bei der Zentralinstanz liegen. Man sollte bei dieser einstweilen noch nicht in Kraft getretenen Lösung nicht übersehen, daß einmal das bürokratische Organisationsprinzip für die staatliche Mittelinstanz damit durchbrochen wird. Es entscheidet nicht mehr der Regierungspräsident, sondern der Bezirksplanungsrat. Und zum anderen ist im Bezirksplanungsrat ein erster Ansatz für die Parlamentarisierung der staatlichen Mittelinstanz zu sehen, also ein Einbruch in bisherige völlig anders gerichtete Prinzipien für den Aufbau des Staates.

Die Schwierigkeit der Gliederung für einen Verdichtungsraum liegt darin, daß es keine klaren einsichtigen Vorstellungen für Grenzziehungen gibt und auch nicht geben kann, soweit sie aus dem, was man bisher unter Raumabgrenzungen verstand, herzuleiten wären. All die üblichen Gesichtspunkte, wie Topographie, Landschaft, geschichtlicher Zusammenhang, kulturelle Eigenart, landsmannschaftliche Verbundenheit, siedlungsmäßige Einzelräume, versagen hier fast immer, wenn sie auch in einigen Unterfällen wohl Anhaltspunkte geben können. Auch die Landesplanung kann kein unbestreitbares Rezept für Untergrenzen in Verdichtungsräumen anbieten.

Um so bemerkenswerter ist ein von der Landesplanungsgemeinschaft Siedlungsverband Ruhrkohlenbezirk vorgeschlagener und zur Zeit im sogenannten Anhörungsverfahren befindlicher Gebietsentwicklungsplan, den Verdichtungsraum Ruhr mit einem System von Siedlungsschwerpunkten zu überziehen (Siedlungsschwerpunkte im Ruhrgebiet. Grundlagen eines regionalen Planungskonzeptes. Schriftenreihe des Siedlungsverbandes Ruhrkohlenbezirk, Heft 28, Essen 1969). Dieses System der Siedlungsschwerpunkte ist unabhängig von politischen Grenzziehungen. Die im Ruhrgebiet vorhandene Infrastruktur, insbesondere die verkehrliche, ist in starkem Maße auf die dort traditionell vorhandene Industrie, Kohle und Stahl, ausgerichtet. Das hat starke West-Ost-Verbindungen, zu wenige Anschlußstellen und zu wenige Nord-Süd-Verbindungen mit sich gebracht. Dadurch wird naturgemäß der Aufbau neuer Industriezweige erschwert. Deshalb ist es das Ziel, siedlungsräumliche Schwerpunkte in Verbindung mit einem Schnellbahnsystem zu errichten. Der Verkehrsgesichtspunkt, namentlich das im Aufbau begriffene Schnellbahnsystem, steht also als Anknüpfungspunkt für die siedlungsräumliche Entwicklung im Vordergrund. Diese regionale Planung soll den Ruhrgebietsstädten die Möglichkeit bieten, ihre Bauleitplanung auf ein Konzept auszurichten, das den Gesamtinteressen des Ruhrgebiets gerecht wird. Die vorgeschlagenen Siedlungsschwerpunkte sind nach verschiedenen Funktionen unterteilt in Teilgebietszentren, Stadtzentren, Nebenzentren, Stadtteilzentren, Wohnschwerpunkte. Zahlenmäßig handelt es sich um rd. 55 solcher Schwerpunkte.

Es kommt hier nicht auf eine Einzelkritik dieses Vorschlags an, sondern vielmehr auf die Herausstellung des Umstandes, daß hier — (fast) völlig unabhängig von der kommunalen Neuordnung und weit über deren zahlenmäßige Einheiten hinausgehend — versucht wird, aus rein landesplanerischen und städtebaulichen gedanklichen Ansätzen heraus ein Strukturprinzip für einen Verdichtungsraum zu entwickeln. Es mag darin auch eine gewisse Resignation liegen, die besagt, daß Gesichtspunkte der Landesplanung für kommunale Großgebilde innerhalb von Verdichtungsräumen keine klaren Abgrenzungsgrundsätze ergeben können, daß nicht kommunale Neuordnung, daß also nicht die große und immer größer werdene Verwaltungseinheit ein Strukturprinzip für Verdichtungsräume sein kann, daß man vielmehr für das soziale, kulturelle und wirtschaftliche Leben kleinere Einheiten anstreben muß, die neben der Verwaltung ihr Eigenleben entfalten können. Das ist zweifellos ein auch nicht ganz unbedenklicher Schritt, denn es drängt sich dann natürlich die Frage auf, ob nicht der Trend in Richtung auf ein rein staatliches Präfektursystem für den Gesamtraum geht.

Natürlich hat man im Zuge der nun fast ein Jahrzehnt dauernden Verwaltungsreform gemerkt, wahrscheinlich reichlich spät gemerkt, daß die Bildung von Großgemeinden, namentlich auch von riesigen Einheitsgemeinden in Verdichtungsräumen ohne weitere Untergliederung doch zu Beeinträchtigungen der bürgerschaftlichen Mitverwaltung führen kann. So erklären sich die zur Zeit in Gang befindlichen Bemühungen

1. um eine Sonderstellung für kreisangehörige Städte mit etwa 50 000 Einwohnern (Entwurf eines Ersten Gesetzes zur Durchführung der Funktionalreform im Lande Nordrhein-Westfalen [Mittelstadtgesetz] vom 7. März 1974 — Landtagsdrucksache 7/3650 —, eingebracht von SPD- und CDU-Abgeordneten, nicht von der Landesregierung),

2. um die Erhöhung der Zahl der Gemeinderat-Kreistagsmitglieder und um die Hebung des Interesses an bestimmten Planungsfragen im Kreis (vgl. Vorschlag des Innenministers des Landes Nordrhein-Westfalen zur Neugliederung der Gemeinden und Kreise des Neugliederungsraumes Sauerland/Paderborn vom 15. März 1974 — III A 2 — 56 — S. 598, und Neufassung des Kommunalwahlgesetzes vom 21. Juli 1974, GV. NW., S. 665),

3. um die Verstärkung der in § 13 der nordrhein-westfälischen Gemeindeordnung bereits vorgesehenen Bezirksausschüsse in größeren Gemeinden (Bezirksvertretungen) (Gesetzentwurf der Landesregierung zur Änderung der Gemeindeordnung und der Kreisordnung für das Land Nordrhein-Westfalen vom 30. April 1974 — Landtagsdrucksache 7/3799 —),

4. um die Aufrechterhaltung der Selbstverwaltung in der Landesplanung trotz Auflösung der Landesplanungsgemeinschaften (Gesetzentwurf der Landesregierung zur Änderung des Landesplanungsgesetzes vom 11. Juni 1974, Landtagsdrucksache 7/3928).

Referat Staatssekretär Dr. Hubert Abreß, Bonn
(verlesen durch Ministerialdirektor Joachimi, Bonn)

Zum Tagungsthema aus der Sicht des Bundes

I.

Rund die Hälfte der Bevölkerung der Bundesrepublik Deutschland wohnt in Verdichtungsgebieten. Gehen wir von den Abgrenzungskriterien der Ministerkonferenz für Raumordnung aus dem Jahre 1968 aus, dann lebten zum Zeitpunkt der Volkszählung 1970 in den Verdichtungsräumen 28,7 Mio. Menschen bei einer Gesamtbevölkerung der Bundesrepublik von 60,6 Mio. Gehen wir von den Überlegungen im Entwurf des Bundesraumordnungsprogrammes und den dort enthaltenen Gebietseinheiten mit erheblichen Anteilen von Verdichtungsgebieten aus, dann entfallen insgesamt 37 Mio. Einwohner, d. s. 61 %, der Gesamtbevölkerung, auf diese Verdichtungsgebiete.

Viel Mühe und viele Überlegungen wurden von seiten der Raumordnung und der Landesplanung, aber auch von der wissenschaftlichen Disziplin der Raumforschung, dem Abgrenzungsproblem der Verdichtungsräume gewidmet. Man möchte eigentlich annehmen, daß die Abgrenzung erst nach einer vorauslaufenden Bestimmung der Probleme und der Lösungswege in Verdichtungsräumen vorgenommen wurde. Trotzdem aber stellt heute die Akademie für Raumforschung und Landesplanung zusammen mit der Deutschen Akademie für Städtebau und Landesplanung die gemeinsame wissenschaftliche Plenarsitzung unter das Thema: „Raumplanung in Verdichtungsräumen — Wunsch und Wirklichkeit". Man muß also annehmen, daß bisher kein ausreichender Konsens über die Probleme, die Planungsziele und die Planungsinstrumente für die Verdichtungsräume und in den Verdichtungsräumen besteht.

Zwar spricht schon das Bundesraumordnungsgesetz seit dem Jahre 1965 die Verdichtungsräume als eine selbständige Gebietskategorie an. Dabei stellt das Gesetz das Prinzip der Verdichtung als Voraussetzung für gesunde Lebens- und Arbeitsbedingungen in seinem Grundsatz Nr. 2 heraus. Es unterscheidet außerdem im Grundsatz Nr. 6 Verdichtungsräume mit gesunden räumlichen Lebens- und Arbeitsbedingungen sowie ausgewogener Wirtschafts- und Sozialstruktur von solchen, in denen die Verdichtung zu ungesunden Bedingungen und nicht ausgewogenen Strukturen führt bzw. geführt hat.

Tatsächlich müssen wir aber feststellen, daß es bisher offensichtlich nicht gelungen ist, die allgemein angesprochenen gesunden und ungesunden Verdichtungsräume zu konkretisieren. Mir ist jedenfalls kein Landesentwicklungsplan oder Landesentwicklungsprogramm bekannt, in dem mit verbindlicher räumlicher Abgrenzung gesunde und ungesunde Verdichtungsräume ausgewiesen sind. Auch die Abgrenzung der Verdichtungsräume durch die Empfehlung der Ministerkonferenz für Raumordnung vom 21. November 1968 bringt eine derartige Unterscheidung nicht. Wen verwundert es, daß alle bisherigen Versuche zur Abgrenzung der Verdichtungsräume zu keinen praktischen Konsequenzen geführt haben. Übrigens sind Versuche, konkret überlastete Verdichtungsräume namentlich zu benennen, kläglich — besser gesagt: am Widerstand der Betroffenen — gescheitert. Offensichtlich führen uns die Überlegungen zur Abgrenzung der Verdichtungsräume inhaltlich so lange nicht weiter, als eine hinreichend genaue Problemansprache und ein politischer Konsens über die Bewertung der so gefundenen Probleme fehlen.

Offensichtlich haben wir uns in der Vergangenheit im Bereich von Raumordnung und Landesplanung stärker mit dem ländlichen Raum befaßt, wenn ich die Mehrzahl der Landesentwicklungspläne und die sie fundierenden wissenschaftlichen Arbeiten betrachte. Dabei erscheint mir unverkennbar eine Tendenz, den zurückgebliebenen ländlichen Raum an die Lebensbedingungen der Verdichtungsräume heranzuführen, ohne daß man sich über das Verhältnis zu und die Verhältnisse in den Verdichtungsräumen Klarheit verschafft hätte. Andererseits war man in den Verdichtungsräumen, befangen in der Größe und fixiert auf das Wachstum, wenig geneigt, über die Probleme der zurückgebliebenen ländlichen Räume und über ihre eigenen Probleme nachzudenken.

Ein geschichtlicher Rückblick zeigt uns, daß in den 60er Jahren Wachstum unkritisch und unterschiedslos sowohl in den zurückbleibenden ländlichen Räumen wie in den Verdichtungsgebieten angestrebt wurde, insofern also die Zielsetzungen beider Raumkategorien scheinbar ohne Kontroverse nebeneinander bestanden, in Wirklichkeit aber gleichlaufend miteinander konkurrierten. In der Zeit nach 1968, als sich eine Begrenzung des Bevölkerungs- und auch des Arbeitsplatzwachstums andeutete, entstanden Konflikte, und zwar zunächst dergestalt, daß der ländliche Raum auf Kosten der städtischen Verdichtungsgebiete wachsen wollte und sollte, wobei die Interessenvertreter der ländlichen Räume nachdrücklich, wenn auch undifferenziert auf die Belastungsprobleme in den Verdichtungsräumen hinwiesen. Umgekehrt bestritten die Vertreter der Verdichtungsräume diese Belastung, oder aber sie vertraten die Auffassung, daß diese Probleme nur durch weiteres unaufhaltsames Wachstum gelöst werden können. Heute, da sich die Wachstumsraten von Bevölkerung, von Arbeitsplätzen und des Sozialprodukts deutlich gegen Null hin entwickeln, stehen beide Gebietskategorien vor der Frage, ihre Probleme ohne Zuwachs lösen zu müssen.

Damit stellt sich jetzt also das Verdichtungsproblem in wesentlich konfliktreicherer Form. Künftig wird man kaum noch das Wachstum der Verdichtungsräume für deren Überlastung verantwortlich machen können. Andererseits wird man auch nicht sagen können, daß bei stagnierender Entwicklung die Probleme geringer werden oder sich gar von selbst lösen. Ich möchte daher behaupten, daß die Probleme in den Verdichtungsräumen im gegebenen Bestand an Einwohnern und Arbeitsplätzen und in der vorhandenen Infrastrukturausstattung liegen.

In diesem Zusammenhang darf ich nochmals ins Gedächtnis zurückrufen, daß heute 28,6 Mio. Einwohner, d. s. 47,3 % der Gesamtbevölkerung der Bundesrepublik Deutschland, auf nur 23 000 qkm Fläche, d. s. 9,4 % der Gesamtfläche der Bundesrepublik Deutschland, wohnen. Selbst wenn das bis zum Jahre 1985 noch zu erwartende bescheidene Wachstum an Bevölkerung und Arbeitsplätzen in der gesamten Bundesrepublik ausschließlich auf die Verdichtungsräume entfallen würde, könnte sich nur eine geringe Veränderung dieser Anteilszahlen ergeben.

Eines scheint mir jedenfalls sicher: daß die bisherige Methode, hier Wachstum zu fördern, dort Wachstum zu drosseln, den Problemen der Zukunft auf längere Sicht nicht mehr gerecht werden kann. Ich wage sogar die noch näher zu begründende Hypothese, daß auch die Schaffung und das Vorhandensein von Entlastungssiedlungen und Entlastungsorten zur Lösung der Probleme in den Verdichtungsräumen nicht mehr beitragen können. Vielmehr leite ich aus all dem die Feststellung ab, daß wir beim Aufdecken der Probleme der Verdichtungsräume vor einem weitgehenden Neuanfang stehen.

II.

Dieser Neuanfang wird das Prinzip der Verdichtung — wir können auch sagen, das Prinzip der Stadt — nicht in Zweifel ziehen können. Es wird im Gegenteil darum gehen, die städtischen Funktionen, also die Funktion der Verdichtungsräume, zu kräftigen und vor Beeinträchtigungen zu schützen. Es geht darum, die städtischen Leistungen allen Bewohnern der Stadt und des auf sie ausgerichteten Umlandes zu erschließen. Denn bestimmte Funktionen des zwischenmenschlichen und des gesellschaftlichen Lebens werden in der Zukunft mehr noch als früher nur auf der Grundlage einer gewissen, ich möchte fast sagen existentiellen Verdichtung erfüllt werden können:

— So waren die Städte immer Stätten geistiger Dichte, kulturelle Zentren von großer Ausstrahlungs- und Assimilationskraft, Austauschorte neuer bahnbrechender und impulsgebender Gedanken. Ganz offensichtlich bedarf es hierzu hoher Kommunikationsdichte und der damit zusammenhängenden vielfältigen Kontaktvorteile. Hieran wird sich in der überschaubaren Zukunft sicherlich nichts ändern.

— Die Städte haben so zu geistiger Auseinandersetzung gezwungen und ein die Innovation förderndes Reizklima geschaffen. Es gibt begründete Anhaltspunkte, daß angesichts der erheblichen, unbewältigten, weltweiten Probleme dieses Innovationspotential in den Städten in der Zukunft stärker als bisher aktiviert werden muß. Dies zeigt sich sehr deutlich bei allen Überlegungen zu einer europäischen Raumordnungspolitik.

— Unstreitig bleiben damit auch die Verdichtungsräume weiterhin die maßgebenden Zentren wirtschaftlicher Impulse. Sie bleiben die bevorzugten Standorte für die wirtschaftliche Betätigung des Menschen.

Die drei von mir genannten und das Dasein und die Berechtigung der Städte begründenden Funktionen sind in einem derartigen Ausmaß aufeinander zugeordnet und miteinander verflochten, daß sie auch räumlich voneinander nicht zu trennen sind. Ihre Wirkungen strahlen auf das nähere und weitere Umland aus und vermitteln damit die mit der Stadt verbundenen Vorteile in allen Lebensbedingungen auch der Bevölkerung des zugeordneten Umlandes. Vielfach wurde diese Funktion der Stadt in den Zeiten des großen Wachstums der Verdichtungsräume mit dem bildhaften Vergleich der „Entwicklungspole" belegt. Für die Zukunft scheint mir die Bezeichnung „Innovationspole" für die Verdichtungsräume zutreffender und auch angemessener den Wachstumsaussichten und der damit verbundenen Bedeutung der Aufgabe innerer Veränderungen. Die schnellen und unkontrollierten Wachstumsstöße der Verdichtungsräume in den zurückliegenden 25 Jahren haben die originären und unverzichtbaren Aufgaben der Stadt teilweise durch negative Begleiterscheinungen ihres hektischen Wachstums verschüttet. Das hat vorschnell zu einem Wiederaufleben stadtfeindllicher Ideologien geführt.

Aufgabe der Raumordnung in den Verdichtungsräumen muß es daher sein:

— die wesenstypischen Funktionen der Stadt wiederherzustellen, und zwar auch dadurch, daß die negativen Folgen der Verstädterung — in den Bereichen der Umweltbeeinträchtigung, auf dem Gebiet der allgemeinen Wohnbedingungen, im Bereich der sozialen und technischen Infrastrukturversorgung — durch eine positive Haltung des einzelnen zu seiner Stadt vermindert bzw. verhindert werden;

— weiter muß es Aufgabe sein, zu erreichen, daß die mit der Verdichtung verbundenen Vorteile — man kann auch sagen: die spezifischen städtischen Funktionen — in denjenigen Räumen der Bundesrepublik geschaffen werden, deren Entwicklungsprobleme in erster Linie durch ein Städtedefizit zu erklären sind. (Ich denke dabei z. B. an Ostbayern, an weite Räume Niedersachsens und Hessens.)

Im nachfolgenden will ich mich ausschließlich mit der Erhaltung und Wiederherstellung der wesenstypischen Funktion der Stadt auseinandersetzen.

1. Da ist in erster Linie die Umweltproblematik zu sehen. Sie ist tief in das Bewußtsein der Bevölkerung eingedrungen. Ich glaube, daß dieser Bewußtseinsstand mehr ist als die Folge einer bloßen Reaktion auf eine oberflächliche Umweltwelle. Dabei kann die seit Jahren in den Städten geführte Umweltdiskussion nicht darüber hinwegtäuschen, daß bislang in der Verbesserung der Umweltqualität der Städte faktisch noch wenig geschehen ist. Der technische Umweltschutz wird, wenn er weiterhin wie bisher im Vordergrund der politischen Einflußnahme steht, nur zum Teil die spezifischen Umweltprobleme in den Verdichtungsräumen erleichtern können.

Man wird Instrumente und Maßnahmen anzubieten haben, die es erst gar nicht zu einer Umweltbeeinträchtigung oder gar schon zu einer Umweltgefährdung kommen lassen. Hier scheint mir allerdings ein Problem angesprochen, das für die Raumordnung, die Raumplanung allgemeine Bedeutung besitzt, nämlich das Problem des langfristigen Stadtumbaus, ferner das Problem des hiermit korrespondierenden, des hinzugehörigen festen und kontinuierlichen politischen Wollens.

Exemplarisch möchte ich nur einige Aufgaben benennen: Etwa die Ruhigstellung von Wohngebieten mit dem Ziel der Verminderung von Lärm- und Abgasbelästigungen; sie erfordert die konsequente Einrichtung verkehrsberuhigter Zonen und setzt Änderungen in der Nutzungsstruktur voraus, die sicherlich nur langfristig erreichbar sind. Die Sicherstellung und die bessere räumliche Zuordnung ökologischer Ausgleichsflächen zu und in den Verdichtungsräumen sind nur möglich durch eine konsequent durchgehaltene und nicht an den zufälligen Grenzen einer Gemeinde haltmachende übergreifende Bauleitplanung. Auch die Wiederherstellung der Qualität von Oberflächen- und Grundwasser erfordert langfristige Überlegungen zum Problem der Abwasserbeseitigung und die konsequente und sicher nicht von heute auf morgen mögliche Sicherung großräumiger Wasserschutzgebiete.

Das bedeutet, daß der langfristige Ressourcenschutz in den Verdichtungsräumen gegenüber dem technischen Umweltschutz mehr und mehr an Bedeutung gewinnen muß.

2. Ebenso wichtig wie die Verbesserung der Umwelt ist die Verbesserung der Wohnbedingungen. Dabei sehe ich folgende wesentliche Aufgaben:

— Die technisch sanitäre Verbesserung der Wohnung.

— Die Wohnflächenvergrößerung.

— Die Versorgung der Wohnungen mit ausreichenden wohnungsnahen Freiräumen.

— Die Sicherung angemessener und tragbarer Mieten.

— Die verstärkte Eigentumsbildung für breite Kreise unserer Bevölkerung.

All dies läuft auf die Modernisierung des vorhandenen Wohnungsbestandes hinaus. Diese Modernisierung tritt damit zumindest gleichwertig neben die Schaffung von neuem Wohnraum. Neuer Wohnraum muß künftig vor allem gezielt für bestimmte Sozialgruppen geschaffen werden; denn trotz aller Betonung der Modernisierung bleibt es nicht aus, daß für einen Teil der Bewohner von Altbaugebieten neuer Wohnraum geschaffen werden muß, der darüber hinaus auch der Versorgung sozial schwacher Gruppen dient.

Insgesamt gesehen, kommt dem Neubau von Wohnungen in der Zukunft eine geringere als die bisherige Bedeutung zu.

3. Zunehmend wird es auch darauf ankommen, die Arbeitsplätze zu modernisieren und den weltweiten wirtschaftlichen Entwicklungen anzupassen. Die jüngsten weltwirtschaftlichen Veränderungen, die Verknappung und Verteuerung des Mineralöls, der Rohstoffe und der Energie, haben dazu geführt, daß bisher zu den Wachstumsindustrien zählende Wirtschaftsbereiche gefährdet sind und vor erheblichen Umstrukturierungsproblemen stehen. Diese haben ihren bevorzugten Standort in Verdichtungsräumen. Damit wird die Aufgabe der Sicherung des Arbeitsplatzes künftig auch in den Verdichtungsräumen eine vorrangige politische Aufgabe sein. Angesichts der großen Zahl der in den Verdichtungsräumen lokalisierten Arbeitsplätze wird sich also eine Aufgabe ergeben, die bei weitem die derzeit im Vordergrund stehende Neuschaffung und Modernisierung von Arbeitsplätzen in den ländlichen Räumen übertrifft.

4. In den gegenwärtigen Verdichtungsräumen wurden die technischen Infrastrukturen seit etwa 100 Jahren eingerichtet und vermehrt. Sie sind das Ergebnis nicht mehr bezifferbarer enormer Leistungen. Diese Investitionen übersteigen auf jeden Fall die in überschaubaren Planungszeiträumen möglichen Neuinvestitionen. Es wird künftig daher in erster Linie darauf ankommen, die großenteils veralteten Infrastruktureinrichtungen durch Instandsetzung und Modernisierung wiederum funktionstüchtig zu machen. Während bisher die öffentliche Förderung den Schwerpunkt im Neubau und in der Erweiterung der Infrastrukturkapazitäten sah, wird hier ein Umdenken in der Schwerpunktbildung nötig werden, zumal es sich dabei um riesige Bestände handelt.

5. Die Verwirklichung vorstehender Forderungen führt schließlich zu einem anderen Modell der räumlichen Organisation der Verdichtungsräume. Schlagwortartig könnte man ein solches Modell als ein polyzentrisches Modell bezeichnen. Es steht im Gegensatz zu den monozentrischen Stadtstrukturen. Das Modell ist polyzentrisch sowohl im Verhältnis der Kernstadt zu den sie umgebenden Mittelzentren und zu anderen Siedlungsschwerpunkten in der Region wie auch im Verhältnis zu bestehenden oder auszubauenden Stadtteilzentren. Ein solches polyzentrisches System übernimmt in den Verdichtungsräumen nur eine Struktur, die ohnehin das Grundraster der Siedlungsentwicklung in unserem Lande bildet. Insoweit ist ein nahtloser Anschluß an die geschichtliche Entwicklung des Raumes in der Bundesrepublik gegeben.

Gegenüber einer polyzentrischen räumlichen Ordnung führte das bisher praktizierte monozentrische System zu größeren Umweltbelastungen durch lange Verkehrswege, zu einer zunehmenden Funktionsentmischung, zu Zweckentfremdung von Wohnungen im Kernbereich der Städte, zu verstärktem Wohnungsneubau an den Stadträndern und zu unkontrolliertem Ausweichen von Arbeitsstätten an die Peripherie der Städte und an Standorte, die den eigentlichen Standortanforderungen nicht in allen Fällen entsprechen. Das monozentrische System führte ferner zu einer Unterauslastung der bestehenden Infrastruktur einerseits und andererseits zu Neubedarf an Infrastruktur, die teilweise nur für eine begrenzte Zeit genutzt und einseitig ausgelastet ist.

Ebenso schlagwortartig allerdings ist festzustellen, daß das polyzentrische Organisationsmodell der Verdichtungsräume innerhalb der derzeit gegebenen administrativen Gliederungen wohl kaum zu verwirklichen ist. Ein polyzentrisches Organisationsmodell greift weit über den heute zufälligen Zuständigkeitsbereich der Kernstädte hinaus und wirft die Frage auf, wie die zweckmäßige Kooperation der funktional verflochtenen und aufeinander angelegten Gebietskörperschaften in einem einheitlichen Lebensraum zweckmäßig organisatorisch gestaltet und wie diese Zusammenarbeit organisatorisch aufgefangen wird. Ob dabei die bisherigen Formen bi- und multilateraler Zusammenarbeit ausreichen, wage ich zu bezweifeln. Ob sich aus der Tatsache, daß neue Lebensräume über die bestehenden Verwaltungsgrenzen und Verwaltungskompetenzen hinweg und hinaus entstanden sind, Auswirkungen und Rückwirkungen auf die Verwaltungsgliederung ergeben, soll von mir hier nicht näher untersucht werden.

6. Bedeutsam scheint mir für die Raumplanung in Verdichtungsräumen auch die fortschreitende Anonymität im zwischenmenschlichen Bereich und im Verhältnis des Bürgers zu seiner Stadt zu sein. Darüber können auch die in den letzten Jahren verstärkt auftretenden Bürgerinitiativen m. E. nicht hinwegtäuschen. Die Masse der Bürger engagiert sich immer noch nicht, im Gegenteil, sie steht in großen Bereichen und namentlich in den Verdichtungsräumen der öffentlichen Hand skeptisch gegenüber. Ob diese Haltung in einer Überforderung der individuellen Anpassungsfähigkeiten an die sich rasch verändernden Stadtstrukturen seit den 60er Jahren liegt oder ob diese Haltung aus einer Unzufriedenheit mit einer zu schleppenden und zu wenig fühlbaren Beseitigung der Probleme in den Verdichtungsräumen zusammenhängt, läßt sich derzeit nicht entscheiden. Ich vermute, daß sich beide Strömungen überlagern und zu einer gewissen Verdrossenheit in der Einstellung und Haltung zu den Verdichtungsräumen und ihren Leitungen führt.

Hieraus sollte für die Zukunft gefolgert werden, daß die für die Integrationskraft der Verdichtungsräume bedeutsamen Elemente gestärkt werden.

Solche bedeutsamen Elemente sehe ich einerseits in den vorhandenen Symbolen der Städte, in ihren Bauten, in ihren Straßenzügen, in ihren Ensembles usw., kurz in all den Erscheinungen, die die Originalität der Städte ausmachen und die die Identifikation des Bürgers mit der Stadt ermöglichen. All diese Symbole müssen in wesentlich stärkerem Umfang als bisher erhalten bleiben, soweit sie erhaltungsfähig sind. Der öffentlichen Hand kommt hier eine noch ungenügend erkannte und noch zu erfüllende beschützende Funktion zu. Andererseits müssen bei den neu zu schaffenden Einrichtungen mehr als bisher das Engagement des Bürgers und seine Identifikation eingeplant werden. Das bedeutet vermutlich die Abkehr von den „Großformen" und den „Großkonzeptionen", es bedeutet aber auch verstärkte Beteiligung und Mitwirkung des Bürgers bei Planung und Ausführung. Hier kommt übrigens der schon wiederholt erwähnte Modernisierungsgedanke wieder zum Tragen.

Lassen Sie mich zusammenfassen: Eingangs habe ich die Aufgabe herausgestellt, die unersetzbaren und wesenstypischen Funktionen der Städte und der Verdichtungsräume zu stärken. Ich habe dabei die These vertreten, daß dies vornehmlich und vor allem in den nächsten Jahren dadurch geschehen muß, daß die nachteiligen Wachstumsfolgen der zurückliegenden hektischen Entwicklung vorrangig abgebaut werden. Dieser Abbau erscheint mir die unabdingbare Basis für weiterführende Gedanken zu sein, etwa für die Einführung grundsätzlich neuer, stadtbezogener Technologien, neuer großer Infrastruktur-Einrichtungen europäischen Maßstabes wie etwa die Hochleistungsschnellbahn. Ich denke dabei weiter an europäisch bedeutsame Hafenfunktionen, an Rohrleitungsnetze im europäischen Maßstab, die Rohstoffe und Produkte befördern können. Die Beachtung dieser zeitlichen Priorität kann allein verhindern, daß auf die Verdichtungsräume ein neuer, möglicherweise durchaus akzeptabler Verdichtungsschub zukommt, bevor die derzeitigen existentiellen Probleme der Verdichtungsräume auch nur einigermaßen gelöst sind. Sollte die Bewältigung dieser vorrangigen Aufgaben nicht gelingen, müssen wir damit rechnen, daß die gegenwärtig in Ansätzen schon erkennbare „Stadtflucht" nicht nur zur Erosion des geistigen und gesellschaftlichen Führungspotentials in den Städten führt.

III.

Offensichtlich besteht, wenn wir die tatsächlichen Verhältnisse mit den von mir aufgestellten Forderungen vergleichen, eine große Diskrepanz zwischen Wunsch und Wirklichkeit. Unabhängig von dem noch ausstehenden breiten Konsens über die Ziele im politischen Raum, erfordert die von mir beschriebene Lösung ein taugliches Handwerkszeug. Ich möchte hier nur auf mir wesentlich erscheinende Instrumente, die der Bundeskompetenz unterliegen, schwerpunktmäßig eingehen:

1. Da ist zunächst der Entwurf des Bundesraumordnungsprogrammes. Er verfolgt das Ziel, die Leistungsfähigkeit der Verdichtungsräume in erster Linie durch eine Verbesserung der Infrastruktur und der Umweltbedingungen zu sichern und zu erhöhen. Er scheint mir insoweit gute Ansatzpunkte zu bieten, um der notwendigen Modernisierung des vorhandenen und in Kürze nicht ersetzbaren Bestandes Rechnung zu tragen. Naturgemäß kann ein rahmensetzendes Raumordnungsprogramm für die Bundesrepublik nur grobe Anhaltspunkte geben. Der Rahmen muß weiter ausgefüllt und konkretisiert werden in den Entwicklungsprogrammen und Regionalplänen der Länder. Die Erfahrungen bei der Ausarbeitung des Bundesraumordnungsprogrammes haben die Frage stellen lassen, ob die formell geregelten Bindungen zwischen den Planungsträgern auf der Ebene des Bundes, der Länder und der Gemeinden ausreichen, um die hier gesehenen Aufgaben sinnvoll aufeinander abgestimmt zu lösen. Die Fortschreibung des Bundesraumordnungsprogrammes wird im übrigen die von mir skizzierten Gedanken sowohl in der Zieldiskussion wie in der notwendigen Instrumentierung verfeinert abzuwägen haben.

2. Die Novelle des Bundesbaugesetzes trägt, so meine ich, den vorgetragenen Grundsätzen schon weitgehend Rechnung. Die Novelle nimmt den Gedanken der Bundesraumordnung im Institut der Entwicklungsplanung wieder auf. Damit bietet sie die rechtliche Handhabe, den ständig wachsenden Bedarf an Stadtfläche je Einwohner sinnvoll zu berücksichtigen, ein überdimensionales Wachstum einzelner Verdichtungsgebiete zu verlangsamen, gegebenenfalls sogar zu stoppen — alles im Interesse der Funktionsaufrechterhaltung der Verdichtungsgebiete. Innerhalb der Verdichtungsgebiete bietet sie die Möglichkeit an, Flächen mit guter Erschließung der richtigen Nutzung zuzuführen. Nach der Entwicklungsplanung haben sich dann die Bauleitpläne auszurichten. Die Betonung gemeindeübergreifender Flächennutzungspläne will regionalen Erfordernissen in besonderem Maße Rechnung tragen; damit werden z. B. regionale Verkehrsüberlegungen besser als bisher realisierbar.

Die Befugnisse der Gemeinden, die Art und Weise der Nutzung von Grundstücken zu bestimmen, wird in der Novelle konkretisiert, wird detailliert und differenziert, um Fehlnutzungen abzubauen.

Grundstücke sollen erst dann baulich genutzt werden können, wenn zugleich auch die erforderlichen Infrastrukturmaßnahmen gesichert sind. Entsprechende zeitliche Festsetzungen kann die Gemeinde in den Bebauungsplan aufnehmen. Die Rechtsaufsichtsbehörde wird ausdrücklich zur Prüfung angehalten, die Genehmigung eines Bauleitplanes von der Auflage abhängig zu machen, daß die bauliche Nutzung des Gebietes oder daß bestimmte bauliche Nutzungen erst zulässig werden, wenn die Errichtung der erforderlichen Einrichtungen der Infrastruktur, so insbesondere auch des öffentlichen Personen-Nahverkehrs, gesichert ist.

Das Instrument der Entwicklungsgenehmigung soll gewährleisten, daß sich der Verdichtungsprozeß abgestimmt im Raume und abgestimmt mit den erforderlichen Infrastrukturmaßnahmen vollzieht. Hierzu werden den Gemeinden die vom Städtebauförderungsgesetz her bekannten Instrumentarien zur Verfügung gestellt, um eine Planung durchsetzen und sichern zu können. Das bedeutet den Übergang von der Auffangplanung des bisherigen Bundesbaugesetzes zur steuernden, final ausgerichteten Entwicklungsplanung. Hierzu zählen ergänzend die Durchführungsinstrumentarien des Baugebots, des Modernisierungs- und des Abbruchgebots sowie des Erhaltungsgebots. Letzteres will erhaltenswerte Bausubstanzen sichern, Umstrukturierungen sozialgerecht steuern und Modernisierungen ermöglichen. In diesem Zusammenhang gewinnt auch der Entwurf eines Modernisierungsgesetzes besondere Bedeutung. Alle diese Instrumentarien sind notwendig und erscheinen geeignet, die großräumigen Entwicklungsziele der Landes- und Regionalebene auf der Mikroebene der Gemeinden durchzusetzen. Zur Durchsetzung erforderlich ist aber — lassen Sie mich das nochmals unterstreichen — ein ernsthaftes und auch längere Zeiträume kontinuierlich überdeckendes politisches Wollen.

3. In den Bereichen der Gemeinschaftsaufgaben wird die regionale Wirtschaftsförderung hier besonders angesprochen. Diese ist derzeit noch vornehmlich auf den ländlichen Raum bezogen. Ich will nicht ausschließen, daß in der Zukunft in stärkerem Maße als bisher bei Tragfähigkeit der von mir skizzierten Gedanken die Verdichtungsräume berücksichtigt werden müssen. Dabei erhält der Gedanke der grundlegenden Umstellung und Modernisierung von Arbeitsplätzen auf weitere Sicht gesehen Vorrang vor der Neuschaffung von Arbeitsplätzen.

Im Vollzug des Gemeindeverkehrsfinanzierungsgesetzes wird die stärkere Förderung herkömmlicher öffentlicher Nahverkehrsmittel sorgfältig zu prüfen sein.

4. Auf dem Gebiet des Umweltschutzes gibt es eine Reihe von gesetzlichen Regelungen und Initiativen, allerdings noch ohne spezifischen Bezug auf die Verdichtungsräume. Es wäre durchaus der Überlegung wert, ob hier nicht gemeinsam von Bund und Ländern getragene Umweltförderungsprogramme für die Verdichtungsräume erarbeitet werden sollten.

Damit bin ich am Ende dieser kurzen Einführung. Ich konnte naturgemäß nur die Problematik, so wie ich sie sehe, anreißen. Vielleicht ist es mir gelungen, zu verdeutlichen, daß für den konkreten Einsatz der raumwirksamen Instrumente in den Verdichtungsräumen eine Raumabgrenzung gewählt werden muß, die sich wesentlich von den bisherigen Vorstellungen entfernen wird. Eine bisher kaum diskutierte Dimension eröffnet sich durch die Einbeziehung der von mir ja nur erwähnten europäischen Raumordnungsvorstellungen. Im europäischen Maßstab wird allein den großen Verdichtungsräumen tragende Bedeutung zukommen. Für die Bundesrepublik ist dies gerade deshalb von Bedeutung, weil sie sich in das Kräftefeld der westeuropäischen Verdichtungsstrukturen einfügen muß und weil sie nur damit die von den großen europäischen Entwicklungsachsen entfernten weiten Teile der Bundesrepublik mit Impulsen versehen kann.

Referat Verbandsdirektor Peter Wood, Liverpool

Erfahrungen aus England

Sehr geehrte Herren Präsidenten, meine Damen und Herren!

Ich besuchte kürzlich eine Stadt in Deutschland, wo der Bürgermeister sagte, daß es eine Tradition seiner Stadt wäre, Gäste auf deutsch willkommen zu heißen und dann in ihrer Landessprache zu ihnen zu sprechen. Ich gehöre zum neuen Stadt- und Landkreis Merseyside, wo es solche Traditionen nicht gibt, und außerdem spreche ich kein Deutsch.

✶

I hope you will be able to understand my English better than my German. Local Government in England is very complicated but this may be helped by the fact that Dr. DAVID and myself have both prepared background papers which describe the situation. I hope that you have a better understanding of the situation on reading those two papers. What I would like to do is to pick out one or two main points from the current scene in England and than look at the practical implications of these.

The changes in Britain in recent years have been very drastic. A new planning system has been introduced which comprises the Structure Plan, which is not a map, but is a written statement of policy: embracing economic, social, transportation and environmental aspects. Structure Plans are being prepared for the whole of the country. Beneath the Structure Plans are a series of local plans and these will be prepared where action is likely to take place. They will only cover part of the country.

In England there is no elected regional government. Yet during this last year new regionally bodies have been formed to deal with water supply, sewage treatment, waste disposal and health services, which were formerly the responsibility of the local authority.

The new local government system, which was introduced on April Fools Day of this year, divides the new functions of local government between the "County" and the "District". Within this system of two tiers, the County and the District, the planning function is also split. Thus the County is responsible for the Structure Plan and the formulation of strategic planning policy, whilst the District is responsible for preparing the Local Plan and other aspects of detailed planning. These changes have been imposed by Central Government and they relate to the whole country, which is quite different from the German situation. In England the reorganization of local government is a directive from Central Government and is imposed throughout. The only exception is the London area which was reorganized some years ago.

The changes in the local government system which have been introduced by the British Parliament were not those recommended by the MAUD Commission. The MAUD Commission was a body of experts set up about five years ago to look at alternative forms of local government. At the time when the British Government was preparing the legislation for the reorganization of local government much pressure was exerted by various groups to provide a form of local government which was quite different from that recommended by the MAUD Commission. These groups were people like the local authority associations, who were often resistant to change. Many of the modifications subsequently introduced into the new local government system have brought us closer to the former pattern, rather than the more fundamental changes proposed by the MAUD Commission. The result I am sorry to say is a compromise—the British compromise—which no one likes.

Let us examine the new system against the principles set down by the MAUD Commission. I stress that the MAUD Commission principles are sound and should be looked at very carefully as they could well apply to the German situation. One of the first principles was concerned with areas and boundaries. The MAUD Commission recommended that areas should be defined so as to enable citizens and elected members to have a sense of common purpose. They also said that areas should be based on the interdependence of town and country, but we now have a two tier situation where we have divided loyalty. Elections for the County and District Councils take place on separate occasions and this may result in the control of the councils within one area being in the hands of councillors of different political parties at the County and District levels, so there is no unity—no feeling of common purpose.

With regard to the new boundaries, they are more rational than the former boundaries, but even so they are too tightly drawn around the major urban centres. For example, on Merseyside there are three new towns which were planned to receive the overspill population from Liverpool. All three new towns and other town expansion areas all lie outside the new Merseyside County. At one stage it was intended that the new towns should be included in the proposed boundary for the County, but they were removed following local representations at the time when the Local Government Bill was being considered by Parliament. Merseyside is continuing to lose population and thus is unable to solve the County's problems within its new boundaries. This then is the compromise that has occurred. It has been a slipping away from the principles.

The second principle of the MAUD Commission concerns the grouping of services. The Commission recommended that all services connected with physical planning (environment, transport, major developments) should be in the hands of one authority. They also recommended that personal services—which include health, social services, housing and education—should also be in the hands of one authority. The Commission went on to suggest that ideally these two types of services, environmental and personal, should be grouped together in one authority. They christened this new body "the unitary", or all purpose authority. If we look at the system that has emerged we have not got the unitary authority, but we have two separate tiers of authorities with the planning function split between them. If we look at the Metropolitan Areas, which are areas of high population, we find for example that transport is the responsibility of the County and is separated from other environmental services which are performed by the District. In the rural (or non-metropolitan) areas we find that housing is a District function and is separated from the other personal services such as education and social services, which are the responsibility of the County. So in the terms of the distribution of functions the recommendations of MAUD have not been carried through and this is again very regrettable.

Let us now look at the third principle which is concerned with the size and the number of authorities. The MAUD Commission recommended 58 "all purpose" authorities of the size of a quarter to one million population, but that in the three major conurbations there should be a two tier system with the top tier responsible for physical and environmental services and the lower tier responsible for the personal services. The government proposals for local government reorganization created 53 Counties at the upper level and 369 Districts at the lower level. The Districts have populations ranging from 50,000 for the smallest Districts to over 600,000 in some major cities. All District authorities have identical planning powers. Thus before reorganization we had 124 planning authorities. MAUD recommended that this should be cut by half, but the Government created 422 planning authorities and this again seems to be a retrograde step. This has resulted in an acute shortage of planners and many authorities in England have fewer planners than they need to carry out their planning functions. In any case some of the authorities are so small they are unable to support an adequate professional staff. So we have a situation which has departed quite radically from the principles set by the MAUD Commission. It is an inferior system in my view but we must try to make it work.

The two tier system of planning is bad and leads to duplication, conflict, avoidance of responsibility and delay. We have tried to overcome this on Merseyside by striving to build up good relationships. The philosophy of the County Planning Office, and in fact the County Council is "outgoing" which means that we are seeking to involve others in the process of planning and encouraging them to play their full part.

We purposely created a very small planning department, with a staff of about 80, of which 40 are professional planners to deal with an area of 1.6 m people. This is something like a quarter of the size of the planning departments in the other Metropolitan Areas. We find now that there is an interesting difference emerging. We are often approached by the Planning Officers of other areas who ask "How is the battle going with the Districts?". In our case we say there is no battle as we are working very closely with the Districts.

If we look at the structure of the Department we have four main elements in our work.

1. The provision of intelligence services which provide information both to the County and the Districts' Departments.
2. We have a division dealing with Strategic Policies which undertakes extensive public consultation and tries to involve the District and other agencies in the Structure Planning process.
3. We have a section dealing with local planning where we give guidance to the Districts on the strategic content of Local Plans and give permission for major development proposals.
4. We have a division dealing with environmental quality. Its members are concerned with pollution control, the preservation of natural resources and the enhancement of the physical environment. Our role is to identify the wide variety of environmental problems and help to co-ordinate the actions of people concerned with solving them.

Next I should like to describe the way in which we try to achieve close working relationships. Regular monthly meetings take place between the County Planning Officer and the District Planning Officers on Merseyside, where we share our common problems. At the elected member level we have prepared a programme of events in which the County Planning Committee visits each of the Districts in turn to meet the District Planning Committees and join them in a tour of the District. In this way we are able to bring the Committees together to appreciate each others problems, even though they may be of different political parties.

We have also developed a very intensive consultation programme with the public. This was achieved by seeking the views of major organizations and through an extensive home interview survey which identified the problems of each household. We also carried out a survey of councillors to identify what they see are the problems affecting the area for which they were elected to serve. In addition to this we have approached experts in various fields to form consultative groups. So for example we have regular meetings with the Directors of Education, to talk about education policy and how this affects social development. Similarly we may bring together Directors of Social Services, Housing and so on. These groups of experts will help us produce a plan which we think is going to be more realistic, as these are the people who will be responsible for implementing the proposals. Thus we see the Structure Plan not as a physical plan but a strategy for improving the quality of life in Merseyside.

The area has many problems, social, economic and environmental, which we seek to tackle through the Structure Plan. This process of deep involvement leads to the continuous review of policy and the Structure Plan could become an instrument of corporate planning. This means that we are starting to look at the objectives of the area as a whole and in fact we are now producing the Structure Plan not as a document of the Planning Department but as a policy statement of the County Executive Team, which comprises the Chief Executive, Treasurer, Planning Officer and County Solicitor. Thus the difficulties imposed by reorganization provide new opportunities for the planner, opportunities to co-ordinate the activites of others. In addition to his role as physical planner he is concerned with problems of urban management and must bring people together and integrate their activities. He must not impose this task but must do it by inviting people to work with him as part of the planning process. In England local government reorganization has been a major disruption. It has affected peoples lives and the quality and costs of services. If reorganization is contemplated in Germany my advice is to get the right principles and stick to them.

Referat Dozent Göran Sidenbladh, Stockholm

Erfahrungen aus Schweden

Seit hundert Jahren ist in Schweden die Planung der Bodennutzung ein Recht und eine Pflicht der Primärgemeinden. Mit wechselndem Erfolg haben staatliche Behörden Einfluß auf diese Planung ausüben können.

In den letzten Jahren bestand eine gewisse Balance zwischen den verschiedenen Interessenten. Regierung und Reichstag haben zwar sukzessiv wichtige Neuheiten eingeführt, wobei die unterschiedlichen Gruppen ihr Handeln diesen Veränderungen haben anpassen können.

Ende April dieses Jahres wurde jedoch ein Prinzipvorschlag zu einem neuen Planungsgesetz vorgelegt, der im Laufe des Sommers diskutiert werden soll, ehe er zu einer Regierungsvorlage im Reichstag führen kann. Ich will aber *nicht* von diesem Vorschlag reden, sondern sehe es als richtiger an, Ihnen einen Bericht über die bestehende Verwaltungsorganisation zu geben und über *die* Verhältnisse zu referieren, aus denen wir tatsächlich praktische Erfahrungen ableiten können.

Einleitend muß ich teils die Grundzüge im schwedischen Verwaltungssystem beschreiben und teils die politischen Zielsetzungen andeuten, die u. a. durch die Planlegung verwirklicht werden sollen.

Im Verwaltungsapparat hat man viele alte Namen und Formen beibehalten, aber die Arbeitsaufgaben und Zielsetzungen haben sich in den letzten Jahren, in Verbindung mit der Stabilisierung der „starken" Gesellschaft, radikal verändert.

Die Wirtschaftspolitik, die man auf die Ideen des Engländers KEYNES zurückzuführen pflegt, wurde in den dreißiger Jahren in Schweden ernsthaft von der 1932 angetretenen sozialdemokratischen Regierung befolgt, die, mit Ausnahme von 6 Monaten 1936 und der Koalition mit anderen Parteien unter den Kriegsjahren, nach wie vor die Regierungsgeschäfte ausübt (mit nur drei Ministerpräsidenten, davon TAGE ERLANDER knapp 23 Jahre).

Die traditionelle Planung auf der Grundlage des Baugesetzes ist also sukzessiv mit ökonomischer Planung ergänzt worden, sogenannter Regionalpolitik, das heißt, man unterstützt im jeweils erforderlichen Umfang das Wirtschaftsleben in den Teilen des Landes, wo Arbeitslosigkeit und Abwanderung vorhanden sind.

Es gibt unter Politikern und Wählern eine sichergestellte Majorität für diesen staatlichen Gesellschaftseinfluß. Auch die Unternehmen der Privatwirtschaft haben durchgehend die Bedingungen, die die „starke" Gesellschaft bietet, akzeptiert.

Die Maßnahmen der Gesellschaft, den Beschäftigungsgrad zu verbessern, sind schrittweise verstärkt worden. In einem ersten Abschnitt war man bereit, nicht nur eine Verschiebung der Bevölkerung in Richtung der Großstadtregionen zu akzeptieren, sondern sie auch zu fördern. Dieses sah man als eine notwendige Bedingung an, damit die Arbeitskraft von weniger lohnenden zu mehr lohnenden Beschäftigungen übergehen konnte. Ein grundlegendes Ziel — auch in dem 1971 veröffentlichten sogenannten Reichsplan —

ist es, den ökonomischen Zuwachs weiterhin zu fördern. (Und das, obwohl Schweden Europas höchsten Lebensstandard hat und in der Welt nur von den Vereinigten Staaten übertroffen wird.) Dieser Zuwachs ist undenkbar, ohne daß das Wirtschaftsleben umstrukturiert wird. „Es ist für die langsichtige staatliche Planung Hauptaufgabe, Richtlinien zu ziehen, um den Verlauf dieses Urbanisierungsprozesses auf eine solche Art zu steuern, daß die Bedingungen für eine gleichmäßige Verteilung zwischen den verschiedenen Teilen des Landes gefördert werden" (SOU 1971:75, Seite 21).

Seit einigen Jahren wird zunehmend darauf geachtet, die Bevölkerungsverschiebung im Lande zu bremsen, unter anderem durch eine Mäßigung des Zuwachses in den drei Großstadtregionen Stockholm, Göteborg und Malmö. Das fortwährende Anwachsen meint man in Richtung auf die Orte, die man „Großstadtalternative" nennt, steuern zu können, Orte mit einer Mantelbevölkerung von in der Regel 100 000 Einwohnern. Die allgemeine ökonomische Konjunktur, zusammen mit staatlichen Planungsmaßnahmen, hat dazu geführt, daß die drei Großstadtregionen seit Mitte 1971 eine Stagnation aufzeigen.

Die Planungsadministration, so wie sie seit ein paar Jahren fungiert, ist folgendermaßen gegliedert:

Verantwortlich für die Bebauungsplanung sind die Primärgemeinden. Sie haben das, was man „Planmonopol" nennt. Kein anderer kann Beschlüsse fassen, die eine stadtmäßige Bebauung ermöglichen. Für Grund und Boden, der nicht auf diese Weise geplant ist, besteht kein Baurecht — außer für ein einzelnes Haus. Die Primärgemeinden haben seit 1952 sehr große Veränderungen erfahren. Damals gab es in Schweden über 2000, von welchen etwa 130 Städte waren, eine Anzahl Marktflecken und der Rest Landgemeinden, in den meisten Fällen mit denselben Grenzen wie die „staatskirchlichen" Gemeinden, die in vielen Jahrhunderten unverändert bleiben konnten.

In der Absicht, die kommunale administrative Kapazität zu verstärken, begann eine umfassende Gemeindezusammenlegung, die seit 1. Januar dieses Jahres als abgeschlossen angesehen werden kann. Es gibt zur Zeit in Schweden nur 272 Gemeinden, und sie sind alle derselben Art. Es ist also kein Unterschied zwischen Stadt und Land, und sie haben alle ihr „Stadtplanmonopol". Ich wiederhole diesen sehr wichtigen Satz: Baurecht gibt es nur da, wo die Gemeinde beschlossen hat, daß der Boden bei Planlegung nach dem Baugesetz *vom allgemeinen Gesichtspunkt aus* für diesen Zweck geeignet ist.

Auch wenn durch diese kommunale Reform die meisten der an Bevölkerung kleinen, aber arealmäßig mitunter sehr großen Gemeinden vom Gesichtspunkt der Planlegung aus funktionell richtige Einheiten geworden sind, bestehen natürlich die Großstadtregionen immer noch aus vielen Gemeinden. Die Stockholmer Region bestand 1948 beinahe aus 100 Gemeinden, heute sind es 23. Die Malmöregion umfaßt nur 6 Gemeinden, davon sind drei alte Städte Zentralorte. 1970 noch gab es 29 Gemeinden in diesem Planungsbereich, und Trelleborg, das 1970 36 000 Einwohner hatte, bestand ursprünglich aus einer Stadt und 31 Landgemeinden.

Zwischen dem höchsten staatlichen Verwaltungsapparat und den Primärgemeinden gab es in historischer Zeit verschiedene Verwaltungsorgane, von denen noch zwei bestehen, nämlich Regierungsbezirk (schwed. län) und „landstinget" (dieses schwedische Wort kann möglicherweise mit „Provinziallandtag" übersetzt werden, der aber nicht die gleiche Funktion wie „landstinget" ausübt).

Die Regierungsbezirke sind staatliche Verwaltungsgebiete — insgesamt 24 —, deren Organisation bis auf den Anfang des 18. Jahrhunderts zurückgeht. Die Regierungsbezirke haben seit dem 1. Juli 1971 eine Verwaltung (Bezirksregierung) mit einem von der Regierung ernannten und dieser verantwortlichem Regierungspräsidenten als Vorsitzendem und 10 Mitgliedern, von denen 5 von der Regierung ernant werden und Organisationen innerhalb des Arbeitsmarktes und Wirtschaftslebens repräsentieren sollen. Die übrigen 5 Mitglieder werden vom „landstinget" ernannt und sollen diesen und die Gemeinden vertreten. Die Bezirksregierung „ist direkt unter der Regierung die erste staatliche Planungs- und Verwaltungsbehörde im Regierungsbezirk". Das Amt der Bezirksregierung besteht aus Abteilungen, und innerhalb der Planungsabteilung hat man ein Architekturbüro, ein Büro für Straßenwesen, Spezialisten für Natur- und Kulturpflege usw.

Der Reichstag beschloß schon 1964, den Bezirksregierungen gewisse Planungsaufgaben aufzuerlegen, was zu den „Programmplänen" von 1967, 1970 und dem im Herbst 1974 kommenden führte.

Die „landstinge" bestehen seit 50 Jahren aus demokratisch gewählten Bevollmächtigten und haben eigenes Besteuerungsrecht. In der Regel gibt es ein „landsting" in jedem Regierungsbezirk. Seine hauptsächliche Aufgabe liegt auf dem Gebiet der Krankenpflege. Aber zwei „landstinge" — Örebro und Stockholm — haben die übersichtliche Planung der Bodennutzung auf sich genommen. Diese Form, die übersichtliche Planung zu lösen, war nicht in der Gesetzgebung vorgesehen und wurde anfangs nicht von der Regierung akzeptiert.

Nach dem Baugesetz von 1947 soll eine solche Planung von einem speziell gebildeten Verband von Gemeinden in die Hand genommen werden, und es ist die Regierung, die bestimmt, welche Gemeinden in die Regionalplanverbände eingehen müssen.

Dieses Gesetzgebung hat sich jedoch als nicht populär erwiesen. An einigen Stellen, wo man angefangen hat, mit einem Regionalplan zu arbeiten, bilden die ursprünglichen Gemeinden durch die vorher genannte Gemeindezusammenlegung nunmehr eine Gemeinde, die dann die Planungsaufgabe übernommen hat. In Stockholm hat dieses, wie angedeutet, das „landsting" übernommen, und im südwestlichen Skåne hat man einen „gewöhnlichen" Gemeindeverband gebildet, ohne die im Gesetz vorgeschriebene staatliche hierarchische Gliederung.

Regionalplanung, strikt dem Gesetz nach, wird nur in ein oder zwei Regionen betrieben.

Die Regionalplanung in Göteborg wird dadurch kompliziert, daß sich die Bebauung in zwei andere Regierungsbezirke hineinstreckt, die nicht zur Stadt Göteborg gehören. Dieser Umstand hat zur Folge, daß die Planung der drei Bezirksregierungen informell beigeordnet werden muß, was u. a. mit Hilfe des Regionalplanorganes geschieht. In Göteborg fing man schon in den vierziger Jahren mit einer freiwilligen Regionalplanung an, die „gesetzliche" begann 1950 und ergab 1963 einen ersten Plan, der dann kontinuierlich revidiert wurde. Dieser Regionalplan umfaßt 15 Gemeinden im Regierungsbezirk Göteborg und Bohus, 5 in Hallands und 9 in Älvborgs Regierungsbezirk. Der Regierungspräsident im erstgenannten Bezirk fungierte als Vorsitzender. Diese administrative Zersplitterung hat sich als unpraktisch erwiesen, wie gleichzeitig die Entwicklung in der Region dazu führte, daß weitere Gemeinden in die Planarbeit eingehen sollten. Die Gemeindereform hat die Anzahl der kommunalen Einheiten sukzessiv verringert. Man fand es doch wünschenswert, die kommunale Zusammenarbeit nach anderen Gebieten zu erweitern, und 1963 wurde ein solches Mitarbeitsorgan gebildet. Ab 1. Januar 1974 sind der alte Regionalplanverband und dieser soeben genannte Spezialverband durch einen einzigen, freien, selbstverwaltenden Gemeindeverband ersetzt worden, der nicht mehr der Abhängigkeit der Bezirksregierung unterliegt und insgesamt 11 Gemeinden umfaßt.

In Skåne hat man, wie schon erwähnt, nicht den Baugesetzregeln für Regionalplanung folgen wollen, sondern man hat nicht weniger als 4 gewöhnliche Gemeindeverbände gebildet, die u. a. für die übersichtliche Planung stehen. Der Verband, zu dem Malmö gehört, besteht aus 6 Gemeinden und liegt ganz innerhalb des Regierungsbezirkes Malmöhus, der insgesamt 17 Gemeinden umfaßt. Die 3 anderen Planungsverbände umfassen jedoch auch Teile des angrenzenden Regierungsbezirks. Im nordwestlichen Gebiet hat man Helsingborg mit 100 000 Einwohnern. Keines der Beispiele kann man als echtes Großstadtgebiet ansehen.

Das Verhältnis zwischen Bezirksplanung im Regierungsbezirk Malmöhus und Regionalplanung für den Gemeindeverband des südwestlichen Skåne kann man vielleicht als Wechselgesang oder Dialog bezeichnen. Die Bezirksregierung hat 1970 einen Plan vorgelegt, der Gemeindeverband seinen Regionalplan 1972, und nun im Herbst 1974 kommt die Bezirksregierung mit einem Regierungsbezirksplan. Der Erfolg war und ist abhängig von der Zusammenarbeit des Regierungspräsidenten und seinen Mitarbeitern mit den leitenden Männern im Gemeindeverband.

In der Stockholmer Region schließlich war die Entwicklung bis zur heutigen Situation folgende: Die Stadt Stockholm hat traditionsgemäß weder zum Regierungsbezirk noch zum „landsting" gehört. Wie für viele andere Hauptstädte in der Welt haben hier spezielle Regeln gegolten, mit einem lange bestehenden „königlichen" Einfluß. Ein Regionalplan wurde 1952 begonnen und war 1958 fertig. Er war nach dem Baugesetz aufgestellt, von einem Verband, der keine anderen Aufgaben hatte und dessen Möglichkeit, aktiv für die Durchführung des Planes zu wirken, sehr gering war.

Es waren jedoch weit mehr Fragen als die einer übersichtlichen Planung, die innerhalb Groß-Stockholms zur Lösung anstanden, wie z. B. der öffentliche Verkehr, für den die Planungshoheit übernommen wurde. Seit 1971 besteht die heutige Lösung, die bedeutet, daß die Gemeinde Stockholm in den Regierungsbezirk und das „landsting" eingegangen ist. Das „landsting" hat die Verantwortung für Regionalplanung, Krankenpflege, den öffentlichen Verkehr mit U-Bahnen, Vorortbahnen und Omnibussen sowie als Träger des Vorortbahnverkehrs auf den Strecken der staatlichen Eisenbahn. Außerdem plant das „landsting" den Unterricht nach dem neunten Schuljahr, gewissen anderen speziellen Unterricht sowie das Hauptsystem für Wasser und Kanalisierung.

Für Groß-Stockholm gibt es also einerseits die von der Bezirksregierung auf Anweisung der Regierung ausgeführte Regierungsbezirksplanung und andererseits die Planung des selbstverwaltenden „landstingets". Die Grenzen für die zwei Arten von Plänen sind identisch, und man nutzt weitgehend gemeinsames Prognosematerial aus.

Bedeutende Unterschiede gibt es in der Zielsetzung der Planung. Die Pläne der Bezirksregierung spiegeln vom Reichstag aufgestellte Richtlinien für die Entwicklung des ganzen Landes wider, während mit der Planung des „landstingets" die Prioritäten gesetzt werden.

Die höchste staatliche Verwaltung ist also die dritte administrative Stufe. Sie hat zwei Arten von Mitteln zu ihrer Verfügung: „Peitsche" und „Zuckerbrot". Mit Hilfe der Gesetzgebung kann sie Behörden auf niedriger Stufe und Privatpersonen zwingen, Erlaubnis bzw. Genehmigungen einzuholen — und sie kann staatliche Beihilfe für gewisse Arten von Anlagen oder Reservate gewähren. Darüber hinaus spielen natürlich die eigenen Investitionen und Aktivitäten des Staates — Bauen und Abbauen — für viele Orte im Lande eine große Rolle.

Die traditionelle staatliche Planlegung ist sektorweise geschehen: Eisenbahn, militärische Anlagen, Hauptstraßen und Flugplätze, Wasserkraftwerke und Naturreservate. Dazu kommt neuerdings ökonomische Beihilfe für Unternehmen in Gebieten mit schwachem oder abflauendem Wirtschaftsleben und für Umschulung von Arbeitslosen. Aber diese Maßnahmen haben keinen direkten Einfluß auf die Großstadtgebiete.

Seit ungefähr 10 Jahren hat Schweden eine beigeordnete Reichsplanung, derzufolge 1971 ein sehr umfassendes Material vorgelegt werden konnte, nämlich: „Haushalten mit Boden und Wasser". Wie der Name andeutet, beschäftigt sich dieser Plan hauptsächlich mit Grund und Boden außerhalb dichtbesiedelter Orte. Besonderes Interesse wurde den Küsten des Landes und der Berglandschaft im Nordwesten zuteil. Die Gebiete an der Küste schaffen die großen Konflikte. Sie sind es, die am attraktivsten für die neue Großindustrie sind, und für Freizeithäuser und bewegliches Freizeitleben sind sie begehrt.

Vornehmlich mit Hilfe dieses Materials hat der Reichstag im Spätherbst 1972 und Winter 1973 eine Reihe von Beschlüssen gefaßt. Die übergreifende Zielsetzung besteht darin, anhaltenden ökonomischen Zuwachs mit Verbesserungen in der Umwelt und einer weniger ungleichen Verteilung von Arbeitsmöglichkeiten und kulturellen und sozialen Servicefunktionen auszubalancieren. In diesem politischen Programm verläßt man sich in erster Linie auf die ökonomischen Stützungsmaßnahmen und auf die Einsätze auf dem Arbeitsmarkt, während die reinen Planungsmaßnahmen einen recht bescheidenen Platz einnehmen. Die administrativen Methoden, die man entwickelt und verstärkt hat, um diese Politik praktisch durchführen zu können, liegen in der Gesetzgebung. U. a. sind neun verschiedene Arten von Industrien gezwungen, staatliche Konzessionen einzuholen, ehe sie auf einem neuen Platz bauen können.

Die Möglichkeit, eine solche Politik zu realisieren, hängt doch wesentlich von dem schwedischen System ab, daß niemand bauen kann, wenn nicht ein von der Gemeinde gutgeheißener Plan vorliegt. Das gilt zwar nicht für den Staat — aber ein staatliches Organ kann nicht in Widerspruch zu einem bestehenden Plan bauen.

Das praktische Problem für die staatlichen Behörden liegt darin, die Gemeinden dazu zu bekommen, Generalpläne, die mit den Richtlinien im Reichsplan übereinstimmen, vorzulegen oder jedenfalls zu akzeptieren. Das ist mitunter schwerer, als man glaubt, und der neue Gesetzesvorschlag, der nun auf dem Wege ist, zielt unter anderem darauf ab, dieses zu erleichtern.

Fragen dieser Art lösen sich natürlich etwas leichter, wenn es, wie in der Regel in Schweden, reichlich Grund und Boden gibt, der sich in öffentlichem Besitz befindet.

Innerhalb der schwedischen Großstadtregionen gibt es also vier „Akteure" im Planungsprozeß: 1. die Gemeinden, 2. die Bezirksregierung (in Groß-Göteborg sind jedoch drei solche berührt), 3. in Stockholm das „landsting", in Göteborg und in Malmö einen Planungsverband der Gemeinden, 4. der Staat, der in der Regel von einem zentralen Verwaltungsamt vertreten wird, nämlich dem staatlichen Planungsamt.

Konflikte zwischen diesen verschieden politisch wirkenden Einheiten sind doch nicht so groß, wie man befürchten könnte. Ein Grund dafür ist die allgemeine Anständigkeit, die das schwedische öffentliche Leben auszeichnet. Ein anderer ist, daß die kommunalen leitenden Politiker auch im „landsting" resp. im Gemeindeverband wirksam sind. In dem Verhältnis zu den staatlichen Zentralbehörden stellt sich oft die ganze Bezirksregierung auf Seite der Gemeinde oder Gemeinden. Es gibt so gut wie immer die Möglichkeit, zu einem Einvernehmen zu kommen.

Diskussionsbericht

Im Anschluß an die Referate fand unter Leitung von Prof. Dipl.-Ing. H. WEYL (Hannover) eine Diskussion statt, in der versucht wurde, die Vorteile von Podiums- und Plenargespräch miteinander zu kombinieren.

Verständlicherweise konnten aus der Vielzahl der angesprochenen Themenkreise nur einige ausgewählte näher problematisiert werden. Es waren dies:

1. Für eine Regionalplanung erforderliche planerisch-koordinierende und Durchführungsbefugnisse.
2. Politische und psychologische Voraussetzungen und Implikationen der Raumplanung in Verdichtungsräumen.
3. Rechtsgrundlagen und organisatorische Formen der Raumplanung in Verdichtungsräumen.

I.

In der Diskussion um die Befugnisse einer Regionalplanung wurde deutlich, daß bei aller Unterschiedlichkeit der Verdichtungsräume und der daraus folgenden notwendigen Differenzierungen der grundsätzliche Gedanke einer institutionalisierten regionalen Planung heute unbestritten ist. Obgleich es sicherlich schwer möglich sein wird, dazu auch eine allgemeingültige funktionale Zuordnung aufzustellen, so erscheinen doch einige Kompetenzen für die inhaltliche Ausfüllung unabdingbar: Neben dem Verkehr betrifft dies die Abfallbeseitigung und die Erholung, die als Minimum der Zuständigkeiten bezeichnet wurden.

Wenn man dabei berücksichtigt, daß bisher manche Planungsverbände im wesentlichen dadurch unbefriedigend arbeiteten, daß sie lediglich für die Planung zuständig waren, so ergibt sich beinahe zwangsläufig die Konsequenz, ebenso die Durchführungs- bzw. die Vollzugskompetenz für die Regionalplanung zu fordern. Wie bereits in den Referaten, so wurde auch in der Diskussion der Großraumverband Hannover mehrfach genannt und auf die dort gewonnenen positiven Erfahrungen verwiesen.

Wenngleich die Forderung, Planung und Durchführung in eine Hand zu legen, bei der weit überwiegenden Mehrzahl der Teilnehmer einhellig war, so blieb sie doch nicht völlig unbestritten. Mit dem Hinweis auf die Entstehungsgeschichte der Regionalplanung und die verschiedenen, durch staatlichen und kommunalen Verwaltungsaufbau vorhandenen Funktionen wurde entgegengehalten, daß eine grundsätzliche Zusammenlegung beider Kompetenzen auch bedenklich sein könne.

Über die genannten drei Funktionen hinaus kann es je nach Lage notwendig sein, einen Verband um die Zuständigkeit für Ausbildung und Krankenhauswesen anzureichern, so daß für eine effektive regionalplanerische Arbeit Planungs- und Durchführungskompetenz insgesamt für ungefähr fünf Funktionen als sinnvoll angesehen werden könnten.

Das bisher praktizierte Recht kommunaler Selbstverwaltung auf Gemeindeebene ist mit der zunehmenden Komplexität der Aufgaben auszuweiten auf eine Entwicklungsplanung oder ein Recht der Entwicklungsplanung auf Regionsebene. Denn räumlich wirksame Planung rückt mehr und mehr von der isolierten Raumplanung ab und macht eine Wandlung durch in Richtung auf Entwicklungsplanung bei integrierter Aufgabenplanung mit Ressourcenausgleich.

Um Raumplanung in Verdichtungsräumen zu effektuieren, muß neben dem möglichen oder wünschenswerten Planungsinhalt noch ein weiterer, kaum minder wichtiger Problembereich gesehen werden: die Frage der Bindungswirkung. Hierauf wurde von Vertretern einiger Planungsverbände nachdrücklich hingewiesen. Wenn etwa Gemeinden in kooperativer Zusammenarbeit einen Gebietsentwicklungsplan aufstellen, so sollte das in letzter Konsequenz auch bedeuten, daß er für alle räumlich Betroffenen bindend ist. Wie die Erfahrung lehrt, betrachtet der Staat häufig die in solchen Plänen getroffenen Festlegungen nicht als bindend, so daß auf diese Weise vielfältige kommunale Anstrengungen vergeblich bleiben können. Eine sinnvolle Raum- bzw. Regionalplanung ist darum ohne umfassende Bindungswirkung kaum denkbar.

Wenn Planung und Durchführung für den regionalen Raum in einer Hand zusammengefaßt werden, sollte dies keine von den übrigen raumplanerisch arbeitenden Institutionen isolierte Tätigkeit sein. Die Regionalplanung muß wirksamen Anschluß sowohl nach unten zur gemeindlichen Planung als auch nach oben zur staatlichen besitzen. In diesem Abstimmungsprozeß sollte das sich immer mehr durchsetzende Gegenstromverfahren praktiziert werden. Langfristig liegt darin vermutlich die einzige Möglichkeit, aus dem Dilemma einer Wahl zwischen zentraler oder völlig dezentraler Planung herauszukommen. Zwar ist die zentrale (staatliche) Planung unter Umständen effizienter, doch kann mit zunehmender Entfernung von den Problemgebieten, vom zu beplanenden Objekt, die Entscheidung schwieriger werden, zumal die Detailkenntnis vor Ort kaum zu ersetzen ist. Über solche Detailkenntnisse verfügt am ehesten die kommunale Selbstverwaltung. Auf der anderen Seite ist die Selbstverwaltung zweifellos der Gefahr einer sogenannten Kirchturmspolitik ausgesetzt, die kurzsichtig und eigensüchtig allein von vordergründigen Interessen bestimmt wird. Bei einem sachgerecht gehandhabten Gegenstromprinzip sind die Nachteile beider Formen weitgehend ausgeschaltet, während die Vorteile genutzt werden könnten. Zusätzlich wäre damit ein Ansatz gegeben, die geforderte staatliche Bindung an die regionale Planung sozusagen schon von vornherein inhaltlich sicherzustellen.

II.

Bezüglich der politischen und psychologischen Voraussetzungen der Raumplanung in Verdichtungsräumen wurde besoders intensiv die Frage der Adaption durch den Bürger diskutiert. Sie findet vielfach in erstaunlich kurzer Zeit statt und scheint sich an Gemeinde-, Kreis- und Landesgrenzen kaum zu orientieren. Es ist zu fragen, ob eine neuen Verwaltungsgliederungen voreilende Praktizierung regionalen Bewußtseins nicht sogar ein bürgerlicher Protest gegen die Tatsache ist, daß man eben nicht oder noch nicht einer politischen Einheit angehören kann. Das Instrument des Einheitstarifs für den Regionsverkehr wurde zudem genannt, um dort, wo es notwendig erscheint, das Wachsen eines Regionsbewußtseins zu fördern. Doch muß hier sehr differenziert geurteilt werden, da die Schwankungsbreite regionalen Bewußtseins heute noch sehr groß ist. Eine zu stark ausgeprägte Eigenständigkeit kann wiederum so durchschlagend sein, daß sie sich in räumlich-politischen Ungleichgewichten auszuwirken beginnt, die dann sehr störend und für die weitere räumliche Entwicklung hinderlich sein können.

Auch in diesem Zusammenhang kam das Gespräch erneut auf die bisher auf regionaler Ebene fast durchweg vorzufindende Trennung von Planung und Vollzug. Die Möglichkeit einer direkten Wahl in der Region durch den Bürger impliziert im Grunde den Zugriff zu den Finanzen, um die aus der Planung fälligen Konsequenzen auch tatsächlich ziehen zu können. Rivalitäten der Regionsglieder untereinander, die heute gelegentlich Machtkämpfe der Gemeinden und kommunaler Vertreter untereinander sind, können allenfalls im status quo als eine suboptimale Ausgangsbasis angesehen werden. Denn Reibungsverluste sind hier praktisch unvermeidlich, wobei man sich freilich darüber im klaren sein muß, daß die Möglichkeit, Interessenkonflikte überhaupt austragen zu können, sicherlich schon ein erster Fortschritt ist.

Wohl aus Zeitgründen wurde die eigentliche Problematik der bürgerschaftlichen Beteiligung in der Diskussion nur gestreift, auch fanden das Verhältnis zwischen Region und Land, das je nach Regions- und Landesgröße sicherlich sehr unterschiedlich sein kann, sowie die Fragen der Selbstverwaltung in diesem Rahmen kein vorrangiges Interesse.

III.

Aus dem dritten Problemkreis „Rechtsgrundlagen und organisatorische Formen" wurden vornehmlich Fragen der Organisationsformen angesprochen.

Es wurde deutlich, daß Planungsgemeinschaften auf freiwilliger Basis kaum einen fühlbaren, ganz sicher aber keinen durchschlagenden Erfolg haben. Sie scheiden damit als Lösungsmittel für die heutigen Probleme der Verdichtungsräume aus. Hierüber bestand weitgehend Übereinstimmung. Dabei blieb offen, nach welchen Kriterien eine Abgrenzung vorgenommen werden sollte. Das ist verständlich, da hier machtpolitische Fragen im Vordergrund stehen können, wie die Praxis immer wieder beweist.

Stadtverbände (in ihren unterschiedlichen Abstufungen) könnten schon eher als geeignete Instrumente dienen. Es handelt sich dabei um die Bildung eines Verbandes aus der zentralen Stadt und ihren Umlandgemeinden. Für solche Verbände liegen allerdings bisher noch wenig ausreichende Erfahrungen vor.

Regionale Planungsverbände auf der Grundlage der Landesplanungsgesetze der Länder bzw. örtlicher Sondergesetze gehören derzeit zu den mit am häufigsten anzutreffenden Formen. Ihre konkrete Ausgestaltung variiert so sehr, daß nur eine fallweise Beurteilung sinnvoll erscheint.

Eine auf den ersten Blick besonders schwierig wirkende Konzeption ist die gemeinsame Wirksamkeit zweier regionaler Verbände innerhalb des gleichen Verdichtungsraumes. Dabei können die Aufgaben nach den verschiedenen Funktionen zwischen den Verbänden aufgeteilt werden. Inwieweit dies sinnvoll oder nur Ausfluß jeweils gegebener machtpolitischer Konstellationen ist, kann hier nicht beurteilt werden. Es ist aber zu befürchten, daß hier Reibungen in ganz erheblichem Umfang nicht auszuschließen sind (vgl. hierzu insbesondere die Erfahrungen aus England).

Ein nach heutigen Gesichtspunkten vorteilhaftes Instrument ist der Regionalverband auf besonderer gesetzlicher Grundlage mit landesplanerischer und zusätzlicher Durchführungsfunktion (auf der Basis des Zweckverbandsrechts). Aber auch solche regionalen Planungsverbände in funktional stark angereicherter Form bedürfen in ihrer praktischen

Arbeit noch der Erprobung. Seit neuestem findet diese Konzeption Anwendung, z. B. beim Großraumverband Hannover. Den nächsten Erfahrungen wird mit Interesse entgegengesehen, da diese Form sehr entwicklungsfähig erscheint. Sie entspricht darüber hinaus in manchem den Forderungen, die auf dieser Tagung immer wieder vorgetragen wurden.

Als eine zweistufige Gebietskörperschaft ist schließlich noch die Regionalstadt bzw. der Regionalkreis denkbar. Das eine bezieht sich auf eine Stadt mit einem Verdichtungsraum in ihrem unmittelbaren Umland, das andere auf eine Region. Beides ist unerprobt, bietet sich allerdings auch nicht vordringlich an, da eine parastädtische Organisation für vorwiegend agrarisch strukturierte Gebiete sicherlich problematisch sein könnte.

Zum Abschluß sei auf den politischen Charakter der Raumforschung als Wissenschaft und mindestens ebenso der praktischen Anwendung ihrer Ergebnisse verwiesen. Die Arbeit der Fachleute allein kann nicht ausreichen, sondern es müssen im politischen Bereich Wege gefunden werden, die zur Durchsetzung der optimalen Lösung beitragen. Hierzu könnte vielleicht auch eine Reform des Bundesraumordnungsgesetzes beitragen, indem vorhandene Interpretationsspielräume konkreter mit Inhalt gefüllt werden und eine verbesserte Rahmengesetzgebung den Trägern der Raumplanung auf den verschiedenen Ebenen substantiellere Ziele und Instrumente liefert.

Schlußwort
des Präsidenten der Akademie für Städtebau und Landesplanung Stadtbaurat Professor Dr. Rudolf Hillebrecht, Hannover

Meine Damen und Herren, mit Blick auf die Zeit erlauben Sie mir, es kurz zu machen und das Schlußwort zu sagen. Ich danke allen, die sich hier heute beteiligt haben, insbesondere gilt das unseren Referenten, und hier darf ich vor allem den Herren SIDENBLADH und WOOD unser aller Dank sagen. Ich möchte hinzufügen, daß Sie, falls Sie den Eindruck gewonnen haben, daß heute in der Diskussion wenig über das Beispiel England oder das Beispiel Schweden geredet wurde, versichert sein dürfen, daß in unserer praktischen Arbeit Ihre beiden Länder weit mehr uns Beispiel und Vorbild gewesen sind und noch sind, als das aus dem heutigen Verlauf der Diskussion hervorgehen konnte.

Ich danke Ihnen, Herr WEYL, für die Leitung der Diskussion. Sie haben mir das Schlußwort abgenommen. Das liegt Ihnen nahe; warum auch nicht? Ich danke aber auch allen, die sich an der Diskussion beteiligt haben. Ich glaube, daß wir den Begriff Verdichtungsraum allzu undifferenziert hier von unserer Tagesordnung übernommen haben. Vielleicht wäre es richtiger gewesen, stärker zu differenzieren. Aus den letzten Worten von Herrn WEYL ging das hervor. Es ist ja immerhin etwas merkwürdig, daß der heute nicht nur mehrfach zitierte, sondern auch mehrfach gelobte (siehe die Ausführungen von Herrn BECKER-MARX) Großraumverband Hannover nun 14 Jahre existiert und bis vor kurzem weder innerhalb des Landes Niedersachsen noch außerhalb dieses Landes Vorbild werden konnte. Das zeigt uns die große Unterschiedlichkeit in den Sachverhalten und Problemstellungen.

Hier darf ich noch einen Ball, den mir heute morgen Herr ERNST, unbeabsichtigt allerdings, zugespielt hat, aufnehmen, als er in seinen Begrüßungsworten Stadt und Agglomeration gegenüberstellte und dabei auch die Frage nach dem Einverständnis und der Identifikation des Bürgers mit Agglomerationen mit einbezog in dem Sinne: Agglomeration doch nur dann, wenn der Bürger sich mit der Stadt nicht mehr zufrieden stellen kann. Dieses „Entweder-Oder" sollte man ganz nüchtern ersetzen dürfen durch das „Sowohl-Als auch". Beides erscheint mir möglich, und wir müßten darüber diskutieren, welche Verluste für den einen und welche Vorteile für den anderen Fall zu erwarten sind. Denn Sie mögen überrascht sein, daß ausgerechnet ich, der ich für mein Engagement für die Stadt bekannt bin, immerhin dieses „Sowohl-Als auch" hier propagieren möchte oder — propagieren ist zu stark gesagt — doch als einen Diskussionsstoff, den es zu diskutieren lohnt, hier nennen möchte.

Ich danke Ihnen allen für Ihre Teilnahme, und ich wünsche Ihnen eine gute Heimfahrt.

Anhang

Die Tagungsteilnehmer erhielten die nachfolgend wiedergegebenen Tischvorlagen zur Kenntnis.

Raumplanung in Verdichtungsräumen aus der Sicht des Landes

von
Dr. *Hans-Gerhart Niemeier, Düsseldorf*

I. Material

1. Nach der Gemeindeordnung für das Land Nordrhein-Westfalen bedürfen — abgesehen von Fällen geringer Bedeutung, die der Innenminister regeln kann — Änderungen des Gemeindegebiets eines Gesetzes.

2. Die kommunale Gebietsreform wurde und wird in Nordrhein-Westfalen in zwei großen Etappen durchgeführt. Sie begann 1965 und soll Anfang 1975 abgeschlossen sein.

3. In der ersten Etappe von 1965 bis 1970 wurde die Reform mit ganz geringen Ausnahmen nur innerhalb der Grenzen von (Land-)Kreisen durchgeführt. Diese Reform bewegte sich vorwiegend, abgesehen von Bonn, in den ländlichen Zonen. In dieser Zeit wurden knapp 50 Einzelgesetze zur Gebietsreform erlassen. In dieser ersten Stufe wurde die Zahl der vorhandenen Gemeinden (knapp 2400) auf die Hälfte herabgesetzt.

4. Diese Methode hatte jedoch besonders den Mangel, daß damit die ebenfalls notwendige Kreisreform vernachlässigt wurde. Deshalb entschloß man sich, die zweite Etappe für größere Räume unter Einschluß der Kreisreform durchzuführen. Dies wurde im Nordrhein-Westfalen-Programm 1975 der Landesregierung aus dem Jahre 1970 angekündigt.

5. Für diese zweite Etappe wurde das Land in acht Neugliederungsräume aufgeteilt, deren Neuordnung jeweils in einem Gesetz geregelt werden sollte. Diese Räume sind:

1. Aachen,
2. Bielefeld,
3. Münster/Hamm,
4. Ruhrgebiet,
5. Niederrhein,
6. Mönchengladbach/Düsseldorf/Wuppertal,
7. Sauerland/Paderborn,
8. Köln.

Nachdem bereits in den vergangenen Jahren die Räume Aachen und Bielefeld neu geordnet worden waren, wurden am 8. Mai 1974, also vor wenigen Wochen, die für die Räume zu 3, 4 und 5 erforderlichen Gesetze durch den Landtag endgültig verabschiedet. Die noch verbleidenden drei Neugliederungsräume (6—8) sollen im Laufe des Jahres 1974 abschließend geregelt werden, so daß die Neugliederung in Nordrhein-Westfalen dann einen Zeitraum von rd. 10 Jahren in Anspruch genommen haben würde.

6. Die Zahl der Gemeinden würde dann von knapp 2400 auf etwa 450 vermindert worden sein, die Zahl der Kreise von 58 auf ca. 30.

7. Die Neugliederung hat zu einer Reihe von Prozessen vor dem nordrhein-westfälischen Verfassungsgerichtshof in Münster geführt. Bemerkenswert ist, daß die Stadt Sennestadt mit ihrem Widerspruch gegen die Eingemeindung nach Bielefeld nicht durchgedrungen ist, während umgekehrt eine Gemeinde, die nach dem Aachen-Gesetz aufgelöst werden sollte, im Verwaltungsrechtsweg obgesiegt hat (Heinbach). Im Anschluß an das Aachen-Gesetz wurde im übrigen der Regierungsbezirk Aachen mit dem Regierungsbezirk Köln vereinigt, so daß nunmehr das Land noch fünf Regierungsbezirke hat.

8. Das Aachen- und das Bielefeld-Gesetz hatten zwar Verdichtungsräume zum Gegenstand, aber eben doch Räume, die sich jeweils um eine einzige Kernstadt gruppierten. Die Frage war also nicht die Gliederung eines Verdichtungsraumes, sondern der Umfang der Eingemeindung in diese zentrale Stadt. Völlig anders lag das Problem beim Ruhrgebiet, wo es darauf ankam, ein verdichtetes Gebiet, bestehend aus zahlreichen kreisfreien Städten, in sich zu gliedern.

9. Die Neugliederung des Ruhrgebiets war eng verflochten mit der Neugliederung der Nachbarräume, daher die Verabschiedung von drei Gesetzen an einem Tage (s. o. unter 5).

10. Trotz vieler anderer Überlegungen und Vorschläge hat man sich auch für das Ruhrgebiet zur Beibehaltung der traditionellen Aufteilung in Gemeinden und Kreise entschlossen, also Vorschläge wie Regionalstadt oder Verbandsstadt oder Städteverband abgelehnt. Auch im Ruhrgebiet blieb man bei dem System der Eingemeindungen. Die Zahl der Gemeinden wurde von 66 auf 27, die Zahl der Großstädte von 16 auf 9 reduziert.

11. Im Laufe der Gebietsreform wurde eine Anzahl von bislang kreisfreien Städten einem (Land-)Kreis eingegliedert, bisher Siegen, Viersen, Lüdenscheid, Herford, Witten, Lünen, Castrop-Rauxel, Bocholt, Recklinghausen.

12. Es bedarf noch der Reform der Mittelinstanz. Nachdem der Regierungsbezirk Aachen bereits aufgelöst ist, soll noch ein weiterer Regierungsbezirk in einen anderen Bezirk eingegliedert werden. Wahrscheinlich werden Detmold und Münster zusammengelegt. Außerdem sollen die Landesplanungsgemeinschaften einschließlich des Siedlungsverbandes Ruhrkohlenbezirk und der Landesbaubehörde Ruhr aufgelöst und die Landesplanungsarbeit auf die dann noch verbleibenden vier Regierungspräsidien verlagert werden. Zur Vertretung der Selbstverwaltung in der Landesplanung sollen in den Regierungsbezirken Bezirksplanungsräte aus Kommunalvertretern gebildet werden, denen das Recht der Aufstellung von Regionalplänen (Gebietsentwicklungsplänen) obliegt.

13. Durch die Bildung von vier Regierungsbezirken wird das Ruhrgebiet zwangsläufig geteilt. Es ist noch offen, ob für beide Teile eine Dachorganisation, etwa als Nachfolger des Siedlungsverbandes Ruhrkohlenbezirk, aber zusätzlich auch als Träger überörtlicher Aufgaben geschaffen werden soll.

II. Thesen

1. Kommunale Gebietsreform ist Sache des Landes, also des Staates. Deshalb sind alle freiwilligen Gebietsänderungsverträge oder -zusammenschlüsse von Gemeinden kritisch zu sehen, da sie u. U. überörtliche und landespolitische Gesichtspunkte außer acht lassen.

2. Maßgebender Gesichtspunkt für die kommunale Neuordnung war und ist die Steigerung der Effektivität der Verwaltung.

3. Dabei ist der Blick stark auf planende Funktionen der Gemeinde ausgerichtet. Deckungsgleichheit von Verwaltungs- und Planungsraum wurde angestrebt. Deshalb wurde die zentralörtliche Gliederung nach den Gedanken der Landesplanung wesentliche Grundlage der Gebietsreform.

4. Die Verbilligung der Verwaltung konnte angesichts der Notwendigkeit ihrer Leistungssteigerung kein Ziel der Gebietsreform sein. Man war sich eher darüber klar, daß sie eine Verteuerung mit sich bringen müßte oder könnte. Allerdings war und ist die Bevölkerung weithin anderer Auffassung und deshalb zur Zeit nicht immer von der Richtigkeit der Maßnahmen überzeugt. Richtiger ist wohl, zu erkennen, daß Gebietsreform auch eine Folge, wenn nicht sogar eine Forderung der Wohlstandsgesellschaft und der Entwicklung der öffentlichen Hand in Richtung der Daseinsvor- und -fürsorge ist.

5. Vergrößerung der Gemeinden und Kreise, und zwar z. T. sehr erhebliche Vergrößerung, mindert zwangsläufig die Ortsnähe der Verwaltung und die Möglichkeit der ehrenamtlichen bürgerschaftlichen Selbstverwaltung.

6. Effektivität der Verwaltung und Möglichkeit der Selbstverwaltung sind deshalb Gegensätze, die eines Ausgleichs bedürfen, wenn man beides als Ziel beibehalten will.

7. Dabei ist allerdings nach den Möglichkeiten der Selbstverwaltung überhaupt in unserer Zeit zu fragen. Es kann nicht geleugnet werden, daß bei der bisherigen Kommunalreform die Leistungssteigerung der Verwaltung im Vordergrund gestanden hat und die Möglichkeiten der Selbstverwaltung vernachlässigt wurden.

8. Das Interesse der meisten Bürger an der Normalverwaltung ihrer Gemeinde dürfte geringer sein, als man gemeinhin annimmt. Hier kommt es nur auf das gute Funktionieren an. Interessiert ist der Bürger in der Regel nur an Fragen, die ihn selbst unmittelbar angehen. Hier steht die Verkehrsplanung häufig im Vordergrund.

9. Allerdings werden die Möglichkeiten der Beeinflussung des Geschehens durch Planung für die Gemeinde oft zu optimistisch gesehen. Auch die Großgemeinde ist in überörtliche Verflechtungen, in die Entwicklungspolitik von Bund und Land und in das bundesdeutsche Finanzsystem so stark eingebunden, daß für völlig eigenständige Planungen kaum Raum mehr ist und die Gemeindeplanung zunehmend abhängige Planung wird.

10. Das Gegensatzpaar Effektivität — bürgerschaftliche Mitverwaltung, das Interesse des Bürgers an seiner Verwaltung, die Einschränkungen der Planungsmöglichkeit treten als Probleme in Verdichtungsräumen verstärkt auf.

11. Je größer ein Kommunalgebilde ist, desto unmöglicher ist es, den staatlichen Einfluß auf die Entwicklung und ihre Planung zurückzudrängen. Daher die Tendenz zur Verstärkung der Landesplanung, ihrer Erweiterung zur Entwicklungsplanung, ihrer Intensivierung im Verwaltungsaufbau nach unten.

12. Für große Verdichtungsräume gibt es kaum landschaftliche, historische, topographische, landsmannschaftliche, kulturelle Gliederungsprinzipien. Auch die Landesplanung kann hier keine unbestreitbaren Vorschläge machen. Möglich ist im allgemeinen nur eine rationelle, verwaltungsmäßig praktikable, siedlungspolitisch vernünftige, einigermaßen wirtschaftliche Abgrenzung von kommunalen Einheiten. Es steht mithin die Effektivität im Vordergrund.

13. Unabhängig von der kommunalen Einteilung versucht deshalb der Siedlungsverband Ruhrkohlenbezirk, das Revier nach den Gedanken der Siedlungsschwerpunkte zu ordnen.

14. Jede Untergliederung der Großgemeinde in Verdichtungsräumen kann zwar die bürgerschaftliche Mitverwaltung stärken. Sie hat aber nur Sinn, wenn die Stadtteile Einfluß und Entscheidungsmöglichkeit haben. Das schwächt aber notwendig das Gesamtgebilde. Dann ist die Selbständigkeit der Teile vorzuziehen. Wegen dieser Schwierigkeit hat Nordrhein-Westfalen alle Untergliederungsvorschläge bisher abgelehnt.

15. Das führt nun dazu, daß die bürgerschaftliche Mitverwaltung sozusagen von oben her, vom Land aus, gerettet werden soll. Wege dazu sollen sein:

eine grundlegende Funktionalreform, d. h. eine Aufgabenentzerrung der verschiedenen Ebenen der Verwaltung mit Verantwortungsverlagerung in Ortsnähe,

eine Stärkung der Bezirksvertretungen, also der Bezirksausschüsse in Großgemeinden,

der Versuch, den Mittelstädten, d. h. den kreisangehörigen Gemeinden mit etwa 50 000 Einwohnern, eine Sonderstellung zu geben,

eine Vergrößerung der Zahl der Gemeinderats- und auch der Kreistagsmitglieder,

die Schaffung von Bezirksplanungsräten für die Regionalplanung bei den vier Bezirksregierungen,

die Hoffnung, daß die Vergrößerung der Verwaltungsräume das Hinauswachsen über die Kirchtumspolitik das Interesse der Bürger an der Mitgestaltung ihrer Gemeinde und ihres Kreises hebt.

III. Literatur zur kommunalen Gebietsreform in Nordrhein-Westfalen

BISCHOFF, DIETER: Kommunale Neugliederung und Selbstverwaltungsgarantie. Siegburg 1972.

HALSTENBERG, FRIEDRICH: Städteverbände oder Eingemeindungen im Ruhrgebiet? Schriften der Volks- und Betriebswirtschaftlichen Vereinigung im Rheinisch-Westfälischen Industriegebiet. Düsseldorf 1973.

HOPPE, WERNER: Verfassungsrechtliche und verwaltungspolitische Aspekte der kommunalen Gebietsreform. In: Grundfragen der Gebiets- und Verwaltungsreform in Deutschland, Veröffentlichungen des Provinzialinstituts der Westfälischen Landes- und Volkskunde, Reihe I, Heft 16, Münster (Westf.) 1973, S. 63 ff.

MATTENKLODT, HERBERT-FRITZ: Gebiets- und Verwaltungsreform in Nordrhein-Westfalen. Ein Zwischenbericht zum Abschluß des ersten kommunalen Neugliederungsprogramms, Westfälische Forschungen 22, Bd. 1969.

RIETDORF, FRITZ: Stand der Verwaltungsreform in Nordrhein-Westfalen. Köln — Mülheim 1968.

TAMMS, FRIEDRICH, und WORTMANN, WILHELM: Die Verbandsstadt — ein neues Stadtmodell. Sonderdruck, Düsseldorf — Hannover 1972, mit dem Vorschlag einer Verbandsstadt Düsseldorf.

WEYER, WILLI: Die Funktionalreform. Inhalt — Weg — Ziel. Düsseldorf (Innenminister) 1972.

Mit dem Ruhrprogramm zur Weltstadt? Podiumsgespräch Köln — Mülheim 1968.

Reorganization of Local Government in Great Britain

Mr. Peter Wood, BSc Dip TP MRTPI
Deputy County Planning Officer Merseyside

During the last few years almost every facet of local government in Britain has been under review and subject to change. Health, water and sewage have been removed from local authority control and new regional bodies have been set up to administer these functions. Local government itself has been radically changed with the formation of a new geographical pattern of local authorities and the redistribution of functions between them. Reorganization of local government in Scotland is significantly different to that in England and Wales and does not take effect until next year. I shall concentrate therefore on the situation as it has emerged in England. Before describing the nature of local government reorganization it is desirable to examine the British planning system and to contrast it with that in Germany.

Regional Planning

In Britain there is no national physical plan and there is evidence of lack of coordination between Central Government Departments at the national level. England is divided into 8 regions which are similar in size to the German States, but unlike Germany the British Regions do not have an elected government. Each region has an Economic Planning Council which is an advisory body whose members are drawn by invitation from local authorities, industry and the universities. The Economic Planning Councils are supported by regional officers of Central Government who are responsible for administering national policies in the regions. The advice given by the Economic Planning Councils on planning strategy may be supplemented by a carefully formulated "Regional Plan", for example the South East Regional Plan and the recently published Strategic Plan for the North West. The latter was prepared by a joint planning team drawn from Central and Local Government. It is concerned not only with physical planning but with the allocation of resources to the region and in defining priorities for action over a wide variety of fields to improve the "quality of life". The Strategic Plan for the North West is an advisory plan and its provisions have not yet been adopted by either Central or Local Government.

Changes in the Planning System

Important changes in the British planning system have occured in recent years independent of local government reorganization. The 1968 Town and Country Planning Act introduced the new development plan system which requires local authorities to prepare a Structure Plan and a series of Local Plans. Under this legislation the whole country would be covered by Structure Plans which are *written statements* of policy covering economic, social, transport and environmental conditions. These statements may be supported by diagramatic plans and must be submitted to Central Government for approval. Detailed land-use allocations are contained in a variety of Local Plans which may only cover parts of the area. Even when a local plan has been prepared permission for development must be sought from the local authority who must be satisfied that the proposals accord with the principles set out in the Structure Plan. The new development plan system has placed a statutory responsibility with the local authority to ensure adequate public participation in the planning process. Indeed public opinion is now encouraging local authorities to take a much broader view of its activities to improve the quality of life. This concept of "corporate planning" has begun to take effect in the internal organization of local authorities, for example by the creation of executive teams and with the introduction of new management systems such as Programme Budgeting. This has created opportunities for the town planner to become more generally involved in the local authority management process. In most local authorities the planner has become a member of the Management Executive Team and in some cases has been appointed Chief Executive Officer.

Local Government Before Reorganization

Prior to reorganization there were two distinct forms of local government in England:

1. County Borough: These were all-purpose authorities for towns and cities varying in size from 50,000 to over 1 million population. They administered the entire range of local government activities and were directly responsible to Central Government.

2. County & District: A two tier system of local government applied to rural areas and urban fringes. The County formed the upper tier and was responsible for planning, highways, education, social services, police and fire services. The County Districts were independently elected authorities responsible for housing, public health, building regulations, refuse collection and local tax collection. The County was able to delegate some of its planning function for the Districts to administer.

There were 79 County Boroughs and 45 Counties in England making a total of 124 planning authorities. In addition there were 1086 County Districts.

The Redcliffe-Maud Proposals

In 1966 the Government set up under the Chairmanship of Lord Redcliffe-Maud a Royal Commission on Local Government Reform in England. In its report, which was presented to Parliament in 1969, the Commission identified four basic faults in the local government system:

— local government areas did not fit the pattern of life and work in modern England

— the fragmentation into County Boroughs and Counties divided town from County making the proper planning of development and transportation impossible.

— the division of responsibilty between County and County District, together with the situation of County Boroughs forming selfcontained islands in the Counties, means that services which should be in the hands of one authority are split up among several

— many authorities are too small, both in size and revenue to do their job properly.

The Commission concluded that England should be divided into 61 new local government areas, each covering town and country. In 58 of them a single authority should be responsible for all services.

In the 3 very large and, for some purposes, indivisible metropolitan areas around Birmingham, Liverpool und Manchester, it was recommended that responsibility for services should be divided in each case between a metropolitan authority whose key functions would be planning, transportation and major development, and a number of metropolitan district authorities whose key functions would be education, the personal social services, health and housing.

Thus in three metropolitan areas it was proposed that there would be two levels of authority, as in London. But the rest of the country would be covered by unitary authorities. Their special feature is that they would marry the planning and development of the area—where people will live and work and shop, how they will get about—with the education, welfare and personal services, so that all the main local government needs of all the people in the area can be considered from a single centre and provided for according to a single strategy.

The Commission also recommended the creation of eight Provincial Councils elected by the local authorities but also including co-opted members. The key function of these councils would be to settle the provincial strategy and planning framework within which the main authorities must operate. They would replace the Economic Planning Councils and collaborate with central government in the economic and social development of each province.

The recommendations of the Royal Commission on Local Government were not adopted in the subsequent Local Government Act.

Devolution of authority from Central Government to the Regions was examined further by the Royal Commission on the Constitution (Chaired by Lord Kilbrandon and published in October 1973). The majority of members on the Commission recommended non-executive councils for the English Regions. These would advise and make representations to Central Government about government policy, they would employ their own staff and could provide the machinery to co-ordinate local authority actions and express regional views.

The Local Government Act 1972

The provisions for the reorganization of local government contained in the Local Government Act came into effect on 1st April 1974. The Government decided to adopt a two-level system of local authorities rather than the unitary structure recommended by Redcliffe-Maud. The two types of authority are the County and District, although in the densely populated areas they were designated "Metropolitan" authorities, and were given a different range of functions to perform. As a result England is now subdivided into 47 Counties and 6 Metropolitan Counties within which are a total of 369 Districts. Each authority is autonomous and has its own elected council. The figure at the end shows the geographic pattern which has emerged, and also indicates the distribution of functions between each type of authority. With regard to the planning function the number of planning authorities has been increased from 124 to 422, with certain aspects of planning allocated to each type of authority. The Counties are responsible for the preparation of the Structure Plan, which will provide the strategic context for all planning work. The district is generally responsible for local planning including the preparation of Local Plans and in dealing with applications for planning permission. However the County may become the responsible authority where local issues have strategic implications, and a variety of joint arrangements are being developed to deal with such situations.

The decision to split the planning function between the two levels of authority has received strong reaction from the Royal Town Planning Institute which has argued that planning is a continuous process, and an artificial split cannot be made between strategic and local planning, or between the formulation and implementation of plans. The proposals in the Act imply that all districts shall be treated similarly so far as planning is concerned. Yet some districts in rural counties may be as small as 30,000 population, whereas in metropolitan areas they may be as large as 800,000. The Institute also argued that small authorities are unlikely to be able to afford the costs of a planning department staffed with an appropriate range of skills. Yet local loyalty or political differences between County and District may make staff sharing arrangements impracticable.

Has reorganization been worthwhile?

Everyone in Britain agrees that local government needed to be reorganized, but there has been little agreement on how it should be accomplished. It is still too early to assess the full effects of the system adopted by the Government, but it does not meet many of the principles laid down by the Royal Commission on Local Government. The Commission felt that the new authorities should provide a sense of common purpose, and create interdependence of town and country. Planning, personal and environmental services should be in the hands of one authority—the unitary authority—which can determine priorities for all services to meet the objectives for the area considered as a whole. Authorities should be large enough to support skilled staff (minimum 250,000 persons), but not too large to administer personal services (maximum 1,000,000 persons).

The geographical pattern of new authorities is an improvement on the former, which can be likened to a "blanket full of holes", although the new Counties still do not coincide with natural economic regions. The decision to adopt two levels of authority, together with the creation of separate regional agencies to administer water and health services has severely retarded moves towards a corporate approach. The succes of the new system is entirely dependent on close co-operation and goodwill between the authorities, and this may be difficult to achieve. Out of this chaos may emerge a new role for the planner—to help co-ordinate and manipulate the activities of others towards corporate objectives. Can the Structure Plan become an expression of corporate planning? These are issues which the Conference may wish to explore.

Allocation of main functions in England

County councils (outside metropolitan areas) and metropolitan district councils

Education
Personal social services
Libraries

Metropolitan county councils only

Passenger transport authorities

Otherwise:

County Councils
Planning
  Structure Plans
  Development Control
  (strategic and reserved decisions)
  Acquisition and disposal of land
  for planning purposes,
  development or redevelopment (1)
Highway authorities

Traffic
Transport co-ordination
Housing
  certain reserve powers
  eg for overspill

Consumer protection
  eg weights and measures,
  food and drugs

Refuse disposal
Museums and art galleries (1)
Parks and open spaces (1)
Playing fields and swimming baths (1)
Police (3)
Fire (3)

District Councils
Planning
  Local Plans
  Most Development Control

  Acquisition and disposal of land
  for planning purposes,
  development or redevelopment (1)
Maintenance of unclassified roads in urban areas

Public transport undertakings
Housing, including
  House building
  Housing management
  Slum clearance
  House and area improvement
Building Regulations
Environmental health (2)
  eg clean air, food safety and
  hygiene, nuisances, slaugther houses,
  port health, Offices, Shops and
  Railway Premises Act
Refuse collection
Museums and art galleries (1)
Parks and open spaces (1)
Playing fields and swimming baths (1)

Cemeteries and crematoria

Notes:
(1) Concurrent powers exercisable by county councils and district councils.
(2) Future administration of water supply, sewerage and sewage disposal provisionally put at the district level (including the provision for joint boards) pending long-term decisions regarding water organization.
(3) Some counties will need to be amalgamated for police purposes and possibly for fire.

Reorganization of Local Government in England and Wales: Distribution of Functions

Reorganization of Local Government in England and Wales: Geographic Pattern

Planungs- und Verwaltungsprobleme der großen Conurbationen in England

von
Dr. Carl-Heinz David, Münster

I. Zur begrifflichen und räumlichen Abgrenzung der Thematik

Die folgenden Ausführungen haben eine kurze Übersicht über die Planungs- und Verwaltungsprobleme der großen englischen städtischen Agglomerationen zum Gegenstand. Die Begriffe, die zur Erörterung der Problematik großstädtischer Agglomerationen im Englischen verwandt werden, sind in ihrem Bedeutungsinhalt ähnlich diffus und von Fachdisziplin zu Fachdisziplin bzw. sogar innerhalb der einzelnen Fachdisziplinen unterschiedlich und teilweise auch mit bestimmten politischen Ressentiments behaftet, wie es etwa auch in Deutschland für die vergleichbaren Begriffe wie Agglomerationen oder Ballung der Fall ist. Aus der Vielzahl der im Englischen verwandten Begriffe, wie Agglomeration, Metropolitan Area, City region etc., ist der Begriff Conurbation ausgewählt worden, weil er der wohl wertneutralste Begriff im Rahmen der Diskussion der Agglomerationsproblematik ist. Er stammt aus der englischen Statistik und bezeichnet dort städtische Verdichtungsräume, die u. a. insbesondere durch eine starke Bevölkerungskonzentration in einem geschlossenen Wohngebiet gekennzeichnet sind, das nach englischer Auffassung als einheitlicher, zusammenhängender Ort und Siedlungsschwerpunkt zu betrachten ist. Bezüglich der Einwohnerzahl liegen diese statistischen Conurbationen größenordnungsmäßig deutlich über einer Million Einwohner bei einer kompakten Abgrenzung, d. h. ohne eine Zurechnung des weiteren Hinterlandes zu der Conurbation. Ohne auf die Abgrenzungskriterien hier im einzelnen eingehen zu können, seien hier nur drei Besonderheiten herausgestellt, die die Conurbationen kennzeichnen:

a) Ihre Einheit und ihr innerer Zusammenhalt, der durch Kräfte herbeigeführt wird, die von sozialen und ökonomischen Bindungen ausgehen,

b) die, bezogen auf den Gesamtraum des Landes, absolut bzw. verhältnismäßig hohe Konzentration bestimmter Phänomene auf einen kleinen Teilraum,

c) ihre überragende Bedeutung für das gesamte Land als Industrie-, Gewerbe-, Handels- und Verwaltungszentren.

Im Zusammenhang mit der kommunalen Neuordnung in England sind allerdings nicht der Begriff Conurbation, sondern die Begriffe Metropolitanregion bzw. Metropolitan County verwendet worden. Darunter werden städtische Verflechtungsbereiche verstanden, die nach den Neuordnungsvorstellungen eine selbständige Verwaltungs- und Planungseinheit bilden und nicht in eine übergeordnete kommunale Selbstverwaltungseinheit (County, Grafschaft) integriert sein sollen.

Während die Statistik neben London noch fünf weitere Conurbationen unterscheidet, deren Zentren die Städte Birmingham, Liverpool, Manchester, Bradfort/Leeds und Newcastle bilden, wird es nach der kommunalen Neuordnung, die in dem Local Government Act von 1972 geregelt ist, und am 1. 1. 1974 in Kraft tritt, neben London noch sechs Metropolitan Counties geben, und zwar

Greater Manchester (Manchester)	mit 2,7 Mio. Einw.,
Merseyside (Liverpool)	mit 1,7 Mio. Einw.,
South Yorkshire (u. a. Sheffield)	mit 1,3 Mio. Einw.,
Tyne and Wear (u. a. Newcastle)	mit 1,2 Mio. Einw.,
West Midlands (Birmingham)	mit 2,8 Mio. Einw. und
West Yorkshire (Bradford/Leeds)	mit 2,0 Mio. Einw.

Demgegenüber weist London im Bereich des Greater London Council 7,3 Mio. Einw. auf.

In der Tat hat die Aufteilung des mittelenglischen Industriegebiets in geeignete Planungs- und Verwaltungsräume seit jeher erhebliche Schwierigkeiten bereitet und mußte schließlich politisch-pragmatisch entschieden werden.

Auch wenn man London wegen seiner Sonderstellung außer Betracht läßt, so weisen die übrigen Conurbationen sehr unterschiedliche Strukturen auf. Allenfalls bezüglich der Siedlungsstruktur läßt sich vielleicht noch insofern eine gewisse Ähnlichkeit feststellen, als es sich bis auf West Yorkshire in allen Fällen um deutlich monozentrale Agglomerationen handelt mit einem deutlich abgrenzbaren Zentrum, demgegenüber frühere Nebenzentren heute völlig zurückgetreten sind. Regelmäßig schließt sich um den eigentlichen Geschäftskern ein Ring mit sehr dichter Bebauung, der vielfach eine stark sanierungsbedürftige Bausubstanz aufweist und darüber hinaus noch durchsetzt ist mit älterer Industrie. Daran schließen sich meist weitläufige Vororte aus der Zeit vor oder nach dem Zweiten Weltkrieg an.

II. Übersicht über einige Grundtendenzen der Entwicklung in den Agglomerationen

Die Agglomerationsproblematik wird nur verständlich vor dem Hintergrund der regionalwirtschaftlichen Situation Englands, die durch große wirtschaftliche Disparitäten zwischen den einzelnen Teilräumen des Landes und insgesamt durch ein starkes Nord-Süd-Gefälle gekennzeichnet ist. Letzteres ist nicht zuletzt bedingt durch die Sogwirkung, die von dem südostenglischen Raum mit seinem alles überragenden Zentrum London und dem Birminghamer Raum ausgehen, die wegen ihrer Standortvorteile von den Wachstumsindustrien zur Ansiedlung bevorzugt werden und im tertiären Sektor eine überdurchschnittliche Zunahme aufweisen. Damit verstärkt sich noch der Abstand zu den nord- und mittelenglischen Industriegebieten, die teilweise mit strukturschwachen Industrien besetzt sind. Die englische Regionalpolitik bemüht sich, einerseits durch Förderungsmaßnahmen in den strukturschwachen Gebieten, zum anderen durch Begrenzung der Entwicklung im südostenglischen und Birminghamer Raum das Gefälle abzubauen, ohne allerdings an den Tendenzen wesentliches ändern zu können.

Ein überragendes Problem aller hier zu betrachtenden Conurbationen stellt die Bevölkerungsentwicklung dar, die seit Anfang der 50er Jahre rückläufig bis stagnierend ist. Das gilt auch und insbesondere für den Raum Greater London, für das Eversley im Vergleich zu 1939 unter Berücksichtigung der Ein- und Auspendler im Jahre 1971 einen Bevölkerungsverlust von 2,0 Mio. Einw. konstatiert. Insbesondere in London resultiert aus der Abwanderung ein deutlicher Rückgang der kommunalen Steuereinnahmen.

Ein wesentliches Problem stellt für die großen englischen Conurbationen die erhebliche Überalterung und Sanierungsbedürftigkeit des Wohnungsbestandes dar, der zu einem erheblichen Teil noch aus der Zeit vor dem 1. Weltkrieg stammt. Sanierung und

Stadterneuerung haben deshalb in England seit jeher einen höheren Stellenwert besessen als vergleichsweise in Deutschland. In den großen Conurbationen sind in den letzten Jahrzehnten umfangreiche Sanierungsprojekte durchgeführt worden, zu denen mangels eigener Finanzkraft der Kommunen der Staat erhebliche Beihilfen geleistet hat. Mit der Überalterung des Wohnungsbestandes geht vielfach einher die Überalterung der örtlichen Infrastruktur.

Nimmt man als Maßstab für die soziale Zusammensetzung etwa das kommunale Pro-Kopf-Steueraufkommen (domestic retable value), so ergibt sich, wenn man einmal London ausklammert, daß diese Werte für die großen Conurbationen mehr oder weniger deutlich unter dem Landesdurchschnitt liegen. Das beleuchtet, daß gerade die einkommensschwachen Bevölkerungsschichten in den Conurbationen wohnen. Die zunehmende Zahl von Einpendlern wirft in den Agglomerationen erhebliche Verkehrsprobleme auf. Durch großzügige Straßenplanungen und Inangriffnahme entsprechender Straßenbauprojekte einerseits und durch den Ausbau des öffentlichen Personennahverkehrs, insbesondere über einen Transportverbund der einzelnen öffentlichen Verkehrsträger, andererseits, hat man versucht, die Probleme mit technischen Mitteln zu lösen. Für London verschieben sich die Dimensionen der in den einzelnen kommunalen Aufgabenbereichen anstehenden Probleme in einer Weise, daß sie sich allenfalls noch formal mit der Situation in den anderen städtischen Agglomerationen Englands vergleichen lassen. Jedenfalls ist in London aus der existentiellen Bedeutung dieser Probleme für die Stadt die Konsequenz gezogen worden, Lösungen nur von umfassenden planerischen Konzeptionen zu erwarten.

III. Zur Verwaltungsstruktur

Während die Verwaltungsstruktur des Bereichs des Greater London Council im wesentlichen auf die sondergesetzlichen Regelungen im London Government Act von 1963 zurückgeht, die freilich zwischenzeitlich durch die politische Entwicklung faktisch wesentlich modifiziert worden sind, wird die kommunale Verwaltungsstruktur für die übrigen Conurbationen ab 1. 4. 1974 durch die Regelungen des Local Government Act von 1972 bestimmt, der in 274 Paragraphen (sections) und 30 Ausführungsanordnungen (schedules) mit Ausnahme von London für ganz England eine territoriale und funktionale Neuordnung des Kommunalwesens bringt. Freilich hat auch der Local Government Act von 1972 die traditionelle Schwäche der englischen Kommunalverwaltung (Local Government) gegenüber der Zentralregierung in London nicht beseitigen können. Da England im Gegensatz zur Bundesrepublik keine föderale Struktur aufweist, stehen sich dort Local Government und Ministerialbehörden unmittelbar gegenüber. Insgesamt ist festzustellen, daß die englischen Selbstverwaltungskörperschaften weder in rechtlicher noch in finanzieller Hinsicht eine vergleichbare Selbständigkeit besitzen, wie sie die deutschen Kommunen für sich in Anspruch nehmen können. Punktuelle Erweiterungen der kommunalen Kompetenzen durch eine Verlagerung von der Zentralregierung auf das Local Government (Devolution of Power), etwa im Bereich der städtebaulichen Planung, haben zwar stattgefunden, ohne allerdings das bisherige Übergewicht der Zentralregierung entscheidend abzubauen.

Innerorganisatorisch liegt das Hauptgewicht der lokalen Verwaltung auf den gewählten Räten (Councils) und auf den von ihnen eingesetzten Unterausschüssen (Committees), während die Stellung der hauptamtlich tätigen Kommunalbeamten verhältnismäßig schwach ist.

Die Trennung zwischen County-Boroughs und Counties, die sich grob mit der Trennung zwischen Kreisen und kreisfreien Städten in Deutschland vergleichen läßt, hat in der Vergangenheit namentlich für die kommunalen Selbstverwaltungskörperschaften, die das Zentrum einer Agglomeration bilden, zu erheblichen Stadt-Umland-Problemen, insbesondere in bezug auf Planung und Verkehr, geführt. Die am 1. 4. 1974 in Kraft tretende Bildung von Metropolitan Counties soll für die oben aufgezählten Conurbationen insoweit eine Besserung bringen; andererseits ist nicht zu verkennen, daß gerade in den großen Conurbationen, wie Liverpool oder Birmingham, die insbesondere drängenden Fragen einer integralen Stadtentwicklungsplanung oder die Lösung der Verkehrsprobleme längst in Angriff genommen sind und insofern die Kommunalreform der tatsächlichen Entwicklung nachhinkt.

Die kommunale Verwaltungsstruktur wird nach Inkrafttreten des Local Government Act von 1972 einheitlich im ganzen Lande, einschließlich London, eine zweistufige sein. Das bedeutet, daß die seinerzeit für London gewählte Aufteilung der Kompetenzen zwischen dem Greater London Council und den London Boroughs seine Entsprechung findet in der Zuständigkeitsverteilung zwischen den Counties und den Districts bzw. in den Conurbationen: der Metropolitan-County-Ebene und der Metropolitan-District-Ebene. Das Konzept einer einstufigen Verwaltungsstruktur für die Conurbationen, das in dem Maud-Redcliff-Report über die Reform des Local Governments favorisiert worden war, hat sich nicht durchsetzen können.

Die Zweistufigkeit der neuen Konzeption schlägt sich in einer entsprechenden Verteilung der Kompetenzen zwischen den beiden Verwaltungsebenen nieder, wobei der höheren Ebene für die Planung jedenfalls die Kompetenz eingeräumt worden ist, den strategischen Rahmen abzustecken, innerhalb dessen allerdings die Distriktebene noch einen erheblichen Freiheitsraum besitzt.

Wegen der Funktionen, die London für das gesamte Land wahrzunehmen hat, ist dort ein Zusammenwirken von Selbstverwaltung (Greater London Council) und der Zentralregierung in planerischer, verwaltungsmäßiger und finanzierungsmäßiger Hinsicht in den wichtigen örtlichen Aufgabenbereichen geboten, ohne daß sich dafür im einzelnen gesetzliche Grundlagen benennen lassen.

IV. Aktuelle Reformtendenzen

Der bereits mehrfach erwähnten kommunalen Neuordnung vorangegangen ist eine Reform des städtebaulichen Planungsrechts, die insbesondere in den beiden Gesetzesnovellen des Town and Country Planning Act von 1968 und 1971 ihren Niederschlag gefunden hat. Dabei ist das Ziel verfolgt worden, in der städtebaulichen Planung von der reinen Bodennutzungsplanung fortzukommen und in stärkerem Umfange eine Entwicklungsplanung zu ermöglichen. Nicht ohne Grund findet die Zweistufigkeit des Planungssystems jetzt in der Zweistufigkeit der reformierten Kommunalverwaltung ihre Entsprechung. Dieses zweistufige Planungssystem ist nicht nur konzipiert unter dem Gesichtspunkt einer größeren Effizienz der Planung, sondern nicht zuletzt auch unter dem Aspekt, eine bürgerschaftliche Partizipation an der Planung zu ermöglichen und damit zugleich eine Grundlage dafür zu schaffen, daß der Bürger sich wieder mit der Stadt und ihre Verwaltung zu identifizieren vermag.

Die Erfahrungen im Londoner Raum lassen vermuten, daß auch nach der kommunalen Neuordnung gerade in den großen Conurbationen sich die Tendenz verstärken wird, die Lösung der anstehenden Probleme stärker in einem regionalen Rahmen zu suchen, zumal durch den verhältnismäßig kompakten Zuschnitt der neuen Verwaltungsräume und die Aufteilung der Verwaltungskompetenzen auf zwei Ebenen das alte Ungleichgewicht zwischen den inneren und den äußeren Bezirken der Agglomeration keineswegs beseitigt sein dürfte. Für London und den südostenglischen Raum wird schon jetzt Entwicklungsplanung unter Zugrundelegung einer regionalen Konzeption betrieben. Das dürfte demnächst die Frage einer Reorganisation des Greater London Councils und einer Neuordnung seiner Kompetenzen aufwerfen.

Forschungs- und Sitzungsberichte
der Akademie für Raumforschung und Landesplanung

Band 85: Stadtplanung 1

Zur Ordnung der Siedlungsstruktur

Aus dem Inhalt:

		Seite
Gerd Albers, München	Modellvorstellungen zur Siedlungsstruktur in ihrer geschichtlichen Entwicklung	1
Klaus Borchard, München	Der Flächenbedarf der Siedlung	35
Peter Breitling, München	Siedlungselemente und ihre Größenordnungen	51
Gerd Albers, München, unter Mitarbeit von Max Guther, Darmstadt	Grundsätze und Modellvorstellungen für die strukturelle Ordnung des Verdichtungsraumes	69
Heinz Weyl, Hannover	Grundsätze und Modellvorstellungen für den Verdichtungsraum: Modell Hannover	91
Erika Spiegel, Dortmund	Stadtstruktur und Gesellschaft	111
Olaf Sievert, Saarbrücken	Zur Bedeutung wirtschaftlicher Ansprüche an die Planung der Siedlungsstruktur	127
Gottfried Müller, München	Der Einfluß landesplanerischer Ziele und Verfahren auf die Siedlungsstruktur (Wechselbeziehungen Bundes-, Länder- und Regionalstruktur)	139
Werner Lendholt, Hannover	Funktionen der städtischen Freiräume	161
Friedrich Tamms, Düsseldorf	Aussagen des Buchanan-Reports und des Berichts der deutschen Sachverständigenkommission zur Stadtstruktur	185
Karlheinz Schaechterle, München	Verkehrssysteme als Elemente der Siedlungsstruktur	197
Walter Böhlk, Hamburg	Mathematische Modelle in der Stadtplanung	255

Der gesamte Band umfaßt 276 Seiten; Format DIN B 5; 1974; Preis 42,— DM.

Auslieferung

HERMANN SCHROEDEL VERLAG KG · HANNOVER

Forschungs- und Sitzungsberichte
der Akademie für Raumforschung und Landesplanung

Band 92: Raum und Verkehr 11

Die Kernstadt
und ihre strukturgerechte Verkehrsbedienung

Aus dem Inhalt:

		Seite
	I. Grundlagen	
Karl Heinrich Olsen, Braunschweig	Die Kernstadt — Begriff, Gestalt, Struktur ..	1
Kurt Kodal, Bonn	Zur Verbesserung der Verkehrsverhältnisse der Gemeinden — Der Bericht der Sachverständigen; Rückblick und Verwirklichung	7
Hans Jürgen Huber, Bonn	Beitrag des Bundes zur Verbesserung der Verkehrsverhältnisse der Gemeinden	29
	II. Technik und Verkehrstechnik	
Peter Kessel, Aachen	Verkehrsbedarf der Kernstadt — dargestellt am Beispiel von Hamburg	47
Bruno Rothschuh, Mainz	Maßstäbe zur gleichrangigen Verkehrsbedienung der Kernstadt mit individuellen und öffentlichen Personennahverkehrsmitteln	63
Hermann Nebelung und *Hellmuth Meyer,* Aachen	Neue Verkehrssysteme im öffentlichen Personennahverkehr	75
	III. Organisation und Ökonomie	
Paul Helfrich, Gräfelfing	Überlegungen und Versuche zur ökonomischen und organisatorischen Bewältigung des Verkehrs in Kernstädten	93
Karl Oettle, München	Über die zukünftige Finanzierung der Aufgaben des öffentlichen Personen-Nahverkehrs	149
	IV. Stellungnahme	
Forschungsausschuß *„Raum und Verkehr" der* *Akademie für Raumforschung* *und Landesplanung*	Strukturgerechte Verkehrsbedienung der Kernstadt	167

Der gesamte Band umfaßt 170 Seiten; Format DIN B 5; 1974; Preis 36,— DM.

Auslieferung
HERMANN SCHROEDEL VERLAG KG · HANNOVER